面向未来的
教育创新与实践

汪建宏 李锋亮 著

清华大学出版社
北京

内 容 简 介

本书介绍了中国式教育创新与慕华成志教育科技集团根植清华、面向未来的实践和探索，体现了慕华成志面向未来的教育创新与实践的完整思考。全书从时代背景、教育理念、体制创新、社会参与、典型案例、机遇挑战等多维度进行了章节布局，展现了清华企业践行"中国式教育创新"的行动路径，具有鲜明的时代发展特色。

本书可供当前促进教育高质量发展、以数字化撬动教育变革、提升教育现代化水平的各类教育管理者、教育研究者和行业企业相关人员参考。让更多教育工作者从中形成对教育的多维思考，了解社会参与教育的多种形态模式，推动更多有识之士参与推动中国式教育现代化的伟大进程。

本书封面贴有清华大学出版社防伪标签，无标签者不得销售。
版权所有，侵权必究。举报: 010-62782989, beiqinquan@tup.tsinghua.edu.cn。

图书在版编目（CIP）数据

面向未来的教育创新与实践 / 汪建宏，李锋亮著 . — 北京：清华大学出版社，2023.12
ISBN 978-7-302-64178-0

Ⅰ. ①面… Ⅱ. ①汪… ②李… Ⅲ. ①教育工作 Ⅳ. ① G4

中国国家版本馆 CIP 数据核字（2023）第 214837 号

责任编辑：田在儒
封面设计：刘　键
责任校对：袁　芳
责任印制：杨　艳

出版发行：清华大学出版社
　　　网　　址：https://www.tup.com.cn, https://www.wqxuetang.com
　　　地　　址：北京清华大学学研大厦 A 座　　邮　编：100084
　　　社 总 机：010-83470000　　邮　购：010-62786544
　　　投稿与读者服务：010-62776969, c-service@tup.tsinghua.edu.cn
　　　质量反馈：010-62772015, zhiliang@tup.tsinghua.edu.cn
印 装 者：三河市龙大印装有限公司
经　　销：全国新华书店
开　　本：185mm×260mm　　印　张：8.75　　字　数：198 千字
版　　次：2023 年 12 月第 1 版　　印　次：2023 年 12 月第 1 次印刷
定　　价：59.00 元

产品编号：102660-01

前　　言

早在几年前就有编写《面向未来的教育创新与实践》这本书的想法了,但始终未能动笔,总感觉时机还未成熟,因为教育的创新极其重要,却又极其艰难。我们所处的时代正经历着科技瞬息万变带来的变革,工作模式、生活样态、学习方式等都在发生深刻的变化,我们的观念与思维也在不断地升级与重构,唯独教育变化太慢,我们还在用过去的知识和经验教育今天的孩子,但这些孩子却要面临比以往任何时候都更大的挑战,尤其是要面对未来的不确定性和科技创新带来的各种变化。随着科技创新不断涌现出重大突破,新兴技术应用不断带来颠覆性变革,我们的大部分工作或将被机器替代,而若干年后的大多数工作我们尚不得而知。

人类对创新能力的需求越来越高,创新正在从一种稀有技能变成必备能力。培养具有创新意识和应变能力的人,将成为教育的核心目标和追求。用科技推动教育进步已成为全世界的教育战略发展目标。

回顾近 30 年中国教育的蓬勃发展和教育信息化推进的时代历程,国家在信息化、现代化等方面出台了一系列政策。党的二十大还专门提出了"中国式现代化"的概念,且在现代化新境界、新格局、新高度上,把教育、科技、人才作为一个整体性的重大问题单独列出,并再次重申科教兴国和人才强国战略,有着特别重要的意义。国家推动教育变革的战略目标成为我们坚毅前行的指导思想与不竭动力。

"形成全社会共同参与的教育治理新格局"是《中国教育现代化 2035》的发展目标之一,引导着行业、体制内外教育工作者的诸多努力与实践探索,因此涌现出很多具有代表性的创新与实践案例。为了将创新和实践有效融合,慕华成志教育科技有限公司(以下简称"慕华成志")依托清华大学的教育资源和创新经验,用面向未来的教育理念,希望给孩子们创造全新的教育场景。因为清华大学本身就是一个优质教育资源和技术科研创新的平台,因此慕华成志是天生的科教融合实践者。从成立至今,我们一直秉承"根植清华、引领未来"的理念,践行着"科技,让学习更美好"的使命,怀揣着"让亿万孩子同在蓝天下共享优质教育资源"的美好愿景,推动教育更加公平、更高质量地发展。慕华成志构建了以优质教育资源服务社会的创新体系,产品服务覆盖全国 25 个省、100 多个城市、20000 多所学校、500 多万用户,已发展成为中国极少数拥有自主知识产权、能同时为客户提供教育科技及投资运营管理等全方位服务的企业之一。

筚路蓝缕,以启山林。我们用了近 10 年的时间,经历了从"无人看好"到"无人能及"的历程,一路走来的艰难挫折与柳暗花明、低谷沮丧与高光尽欢,可能只有和我们一起坚持下来的人才能真正体会。在此期间，我一直在思考：教育数字化应用成效的推进为什么难？因为以前的产业链是割裂的，做硬件的没有软件，做软件的没有内容，做内容的又缺乏以用户为核心的意识。这类似于早期的电视机，做电视硬件的没有电视台，电视台又缺乏用户喜欢看的电视节目，其实用户买电视机的目的就是看喜欢的电视节目。今天的互联网电视就实现了这一切，即软硬一体、节目随心。我们认为互联网教育也是如此，教育数字化最难的还是做用户喜欢的课程内容，这也恰是用户痛点所在。所以，我们从内容入手，再到技术平台，以及与硬件融合的相关应用服务，构建了互联网教育的自主产业链。

幸运的是，我们经过前期思考并最终定位于科技赋能公立教育高质量发展，以及内容为王的思路，虽然是一条艰难的道路，但却正好吻合了互联网教育逐步兴起的发展趋势，也服务了"发展公平而有质量的教育"的国家战略。最终我们形成了独特的"内容＋平台＋服务"的一站式业务发展模式，实现了"政府＋学校＋师生"三位一体的协同创新机制。

前期我们高额投入教育内容生产。我们之所以不惜代价、以每节课近3万元的投入制作了6000多个动漫视频课件，就是要在教育内容方面作出革新，在传统教育一直回避的学习趣味性问题和学习的呈现方式等多方面作出探索。因为今天的孩子是"数字土著"的一代，而他们的教育者却是"数字移民"，二者存在思维方式、行为习惯和语言沟通上的"代沟"。我们调研了20多所学校、采访了1000多个孩子，发现动漫是孩子们最喜闻乐见的呈现方式。"00后"的孩子们喜欢B站、弹幕、动漫等亚文化，而"60后""70后"老师对此却知之甚少，不能用孩子们的视角与其交流，导致课程枯燥乏味，无法激发孩子的学习兴趣。

我们是如何进行课程内容创新的？打个比方，传统的教育课件像小说，而我们的课件像是把小说改编成了电影。好的电影需要出色的剧本、导演、演员，以及对观众心理的揣摩等，我们的内容生产过程也需要经过脚本（名师提供）、编剧、导演、演员（动漫师勾勒出来的角色）等共同完成。从名师提供关于知识点的脚本，到编剧融入"00后"孩子熟悉的互联网元素改编成剧本，再到导演揣摩故事情节，最后再由动漫师描绘出好玩的角色图案，每一步都需要反复斟酌、精心打磨。因为一个优秀的教育内容必须要实现知识点和趣味性的完美融合，同时还要考虑不同年龄阶段学生的成长规律和心理发展特点。

我们还探索用课程内容创新推动课堂教学改革，用课堂教学创新推动教学模式升级，用教学模式创新推动育人生态重构，从而培养面向未来、适应并引领时代发展的创新型人才。为此，我们也在技术上下足了功夫，我们的未来课堂教学平台能有效改变传统教学方式，为学生提供数字画像，让千人一面的课堂变成千人千面，让每个孩子都能享受到个性化的教学服务。在教学中，教师可以看到学生完整的学习数据，包括学习时间、内容、效果等具体信息，根据学生学习的实际情况，教师还可以有针对性地改进教学方式或调整教学进度，从而实现有效教学。

在科研引领和应用服务上，我们和清华大学人文学院共建了人文教育发展研究中心，还成立了未来教育研究院，与清华大学、北京师范大学、首都师范大学等高校专家学者共同构建了 UGS 模式（大学—政府—学校），从内容技术创新到应用场景服务，从智慧校园的解决方案到区域教育新基建的顶层规划，从学习的单一价值体系到教、学、管、评、数据、平台、智库服务等融合发展的综合生态构建，从行业内优质资源到行业内外相结合的资源渠道与教育价值输出形态……不一而足。

在实践层面，慕华成志还构建了名校协同的创新机制产业链，场景覆盖学习、课堂、学校、区域重点领域，且客户数量持续增加并日趋庞大。例如，清华大学附属小学（简称清华附小）、首都师范大学附属育新学校不但用我们的技术和课程内容，还和我们一起探索更前沿的教学创新模式。我们和清华附小共同研发的课程，帮扶了全国20多个偏远和欠发达地区，让远在新疆、西藏的学生也能享受首都的优质教育资源。在深圳，我们和罗湖、福田、南山、龙华等区域分别做了不同的创新探索，从未来课堂、未来学校到区域数字学校都发挥了示范引领作用，在提升教学效率、推动教学变革、构建面向未来的学校等方面都卓有成效。我们在成都、新乡、三亚、兰州等全国100多个区域的实践探索中发现，科技赋能是实现教育高位均衡发展最有效的手段之一，通过互联网分享优质教育资源，能大幅促进教育均衡；通过科技推动教学模式升级，可成功帮助教师提高教学效率 20% 以上、课堂互动率 50% 以上。

在我的理解中，教育创新并非仅仅局限于国家政策与技术赋能大背景下的变革举措等宏观层面，更多的反而是在帮助一线教育工作者解决实际问题、完成实践探索、达成目标推进过程中的一些微创新、新策略或新模式等，教师、学校、教育管理部门及社会力量等都在参与教育创新的方方面面。一些引领教育发展、推动教育教学创新的示范案例有时就在我们身边，对教育创新与实践的理解总是在我们与一线教师的接触碰撞和场景应用中不断被肯定或否定，给了我们更多的启示与灵感，升华为新的动力与使命。

这些都让我更加坚定了编写本书的初衷——记录这些实践、探索和思考，记录这个伟大时代发生的教育创新。本书分为五章，分别从发展背景、学术研究、社会参与、实践案例、机遇和挑战几个方面详细呈现了慕华成志面向教育创新的思考与行动，通过实践探索、解决方案、一线真实案例的代表性展示，旨在抛砖引玉，让更多教育工作者从中形成对教育的多维思考，了解社会参与教育的多种形态模式，推动更多有识之士参与推动中国式教育现代化的伟大进程。

十年回首，我们一直在实践中探索，在探索中创新，在创新中引领。创新与实践随时随地都在发生、在优化、在发展。务实地工作、积极地思考、理性地反思、高效地推进，一切都在围绕价值导向和价值创造的目标而努力。我们虽不完美，但一直在前行，也一直在思考：如何在实践中寻求与未来发展变化的同步升级。可喜的是，我们不但得到了大量用户的认可与信赖，也赢得了诸多权威专家的关注与肯定，包括顾明远老师给我们的寄语，朱永新教授对我们混合式教学项目的赞赏，汤敏参事对我们动漫微课的肯定，也包括周洪宇委员、顾秉林会长对我们未来的期待，等等，在此一并感谢！未来已来，实践出真知，创新无止境。

非常有幸与清华大学李锋亮教授一起合著本书，从学术研究、教育内在规律与学校诉求、技术赋能与社会参与的多元化服务等不同角度来阐述中国式教育创新与实践的一线做法，希望对广大读者有所裨益。

由于编者水平有限，仅为实践中知行合一的思考片段，疏谬之处在所难免，还请专家和读者不吝批评、指正。

汪建宏
2023 年 5 月于北京

目　　录

第一章　新时代基础教育创新与实践的发展背景 …………………………… 1

　　第一节　基础教育发展的相关政策变迁分析 ………………………………… 1
　　第二节　育人导向的基础教育数字化发展战略 ……………………………… 4
　　第三节　走向全社会共同参与的教育治理新格局 …………………………… 6
　　第四节　未来教育相关论坛的专家观点 ……………………………………… 7

第二章　未来学校的发展研究与实践经验 …………………………………… 16

　　第一节　国内"未来教育"与"未来学校"文献综述 ……………………… 16
　　　　一、信息技术对传统学校的冲击是建构未来学校的必要条件 ………… 16
　　　　二、未来学校的内涵与特征研究 ………………………………………… 20
　　　　三、未来学校的构建策略研究 …………………………………………… 22
　　　　四、未来教育的发展形态与趋势研究 …………………………………… 25
　　　　五、未来学校必须坚持以人为本的教育观 ……………………………… 26
　　　　六、我国开展未来教育的规划和行动 …………………………………… 27
　　　　七、小结 …………………………………………………………………… 28
　　第二节　未来教育/学校的文献调研报告 …………………………………… 29
　　　　一、未来教育/学校的产生背景 ………………………………………… 29
　　　　二、未来教育/学校的内涵 ……………………………………………… 30
　　　　三、未来教育/学校的核心要素 ………………………………………… 32
　　　　四、未来教育/学校对素养的要求 ……………………………………… 33
　　　　五、未来教育/学校的发展现状 ………………………………………… 35
　　　　六、未来教育/学校的行动路线 ………………………………………… 36
　　　　七、小结 …………………………………………………………………… 40
　　第三节　未来学校课题研究 …………………………………………………… 40
　　　　一、课题背景 ……………………………………………………………… 40
　　　　二、课题研究方向 ………………………………………………………… 40

三、课题申报研究概况 ·· 41
四、课题案例 ·· 42

第三章　社会参与未来教育发展的创新模式 ·· 51

第一节　社会参与促进未来教育发展的 UGS 模式 ································· 53
一、一体两翼服务国家战略的模式创新 ··· 53
二、思考面向未来教育的新起点 ·· 56
三、慕华成志推动教育数字化转型与教育新基建应用的探索 ················ 60

第二节　探索科技与教育深度融合之路 ··· 64
一、慕华成志探索科教融合的实践与思考 ·· 64
二、创新教育内容，激发孩子们对学习的热爱——动漫微课 ················ 68
三、构建互联网学校，随时随地个性化教学——学堂教师宝 ················ 70
四、升级教学模式，让因材施教成为可能——未来课堂 ······················ 70
五、探索面向未来的学校，为"2035"提供学校样板——共建未来学校 ··· 72
六、推动产教融合，实现数字产业与教育质量双提升——慕华智谷 ······· 82

第四章　慕华成志参与教育创新与实践的典型案例 ································ 84

第一节　典型案例特征 ·· 84
一、案例区位特征 ··· 84
二、发展策略分析 ··· 84

第二节　部分区域案例 ·· 86
一、深圳市部分区域——个性化特色发展的横向探索 ························· 86
二、无锡市滨湖区——数字化促进区域教育多元发展 ························· 88
三、四川省简阳市——培育家门口的"优质学校" ···························· 88
四、山东省胶州市——因地制宜带动区域教育发展 ···························· 89
五、河南省新乡市——改变区域教育现状，实现"换道超车" ·············· 90
六、南宁市兴宁区——推动教改实施打造教育品牌 ···························· 90
七、山西省泽州县——探索面向未来的教育教学模式 ························· 91
八、甘肃省部分区域——科技赋能加速教育发展 ······························· 91
九、银川市兴庆区——打造西北教育高质量发展样板 ························· 92
十、吉林省白山市——优质教育资源促进教育高质量发展 ··················· 93
十一、云南省南涧县——慕华成志帮扶下的教育均衡发展 ··················· 93

第三节　部分学校案例 ·· 94
一、北京、汕头、深圳部分未来学校实践探索 ·································· 94
二、河南省新乡市平原外国语学校——混合式教学实践 ······················ 95
三、贵州省贵阳市观山湖未来学校——UGS 模式赋能教育发展 ············ 95
四、河南省辉县市孟电小学——"学堂教师宝"促进教学变革 ············· 95

五、河南省封丘县城关乡第一中学——混合式教学实践推进信息化升级 … 96
　　六、海南省三亚市海棠区第一小学——成志教育实践基地带动教学变革 … 97
　　七、山西省河津市第四初中——以智慧教育构建区域样板校 … 97
第四节　区域个案深度剖析 … 98
　　一、成都市武侯区——教育数字化转型的双线融合式教学实践 … 98
　　二、深圳市龙华区——教育高质量发展跑出"加速度" … 103
　　三、山西省泽州县——未来教育示范区探索实践 … 107

第五章　教育创新与实践的新机遇和新挑战 … 112

第一节　面向未来教育的思考 … 112
第二节　双向重塑与双向促进的产教融合 … 113
　　一、理性思考产教融合中的双向价值与双向促进 … 113
　　二、企业的社会责任与核心价值 … 114
　　三、慕华成志的扶贫与扶智行动 … 116
　　四、践行公益，助力乡村教育振兴 … 119
第三节　产教融合的创新发展新探索 … 120
　　一、产教融合方案设计的主要发展依据 … 120
　　二、目标与价值分析厘清产教融合的新思路 … 121
　　三、产教融合样板建设内容 … 123
　　四、共建产业园的双向思考 … 124
第四节　展望"中国式现代化"的教育高质量发展 … 125

参考文献 … 129

第一章 新时代基础教育创新与实践的发展背景

第一节 基础教育发展的相关政策变迁分析

民族复兴的基础在教育，而教育的基础在中小学。我国基础教育包括学前教育、义务教育和普通高中三个阶段。从历史发展阶段来看，我国基础教育经历了从双基之路向优质均衡与个性发展的大转变。

从1949年至今，中国基础教育发展经过了三个历史阶段，即：第一阶段是从中华人民共和国成立到1966年，通常称为"十七年"时期，也是中华人民共和国基础教育的奠基时期；第二阶段是"文化大革命"时期，即1966年至1976年，是基础教育的挫折和困难时期；第三阶段是改革开放时期，中国基础教育进入到新的改革发展时期。

从教育改革与基础教育的发展变化来看，我国基础教育的发展也大致经历了三个具有代表性的时代：其一是"双基时代"，强调的是基本知识和基本技能；其二是"三维目标时代"，提出了"知识与技能、过程与方法、情感态度与价值观"的三维目标；其三是"核心素养时代"，以人的终身发展为核心，以能力为导向，既要发展学生，也要成就教师。"核心素养时代"强化师生核心意识，提高师生课堂实效，促进师生共同成长。

从数据上来看，中华人民共和国成立以来，我国基础教育实现了大国教育跨越式发展。1949年，我国学前教育毛入园率为0.4%（1950年），小学净入学率为20%，初中毛入学率为3.1%，高中毛入学率为1.1%。教育部官网公布的2022年教育大数据显示：2022年全国共有各级各类学校51.85万所。其中，学前教育占比55.78%，义务教育占比38.88%，高中阶段占比4.28%，高等教育占比0.58%，其他占比0.48%。学历教育在校生2.93亿人。其中，学前教育占比15.8%，义务教育占比54.14%，高中阶段占比13.84%，高等教育占比15.9%，其他占比0.32%。专任教师1880.36万人。其中，学前教育占比17.25%，义务教育占比56.67%，高中阶段占比15.16%，高等教育占比10.52%，其他占比0.40%。新增劳动力平均受教育年限达14年[①]。

1986年，国家以立法形式确立了普及义务教育制度，教育公平第一次上升为国家意志，到2011年全面实现"两基"（基本实施九年义务教育和基本扫除青壮年文盲）目

---

① 教育部新闻发布会介绍2022年全国教育事业发展基本情况. http://www.moe.gov.cn/fbh/live/2023/55167/mtbd/202303/t20230323_1052338.html，2023-03-25.

标，这 25 年里，我国基础教育开启了一段"数量弥补"和"规模扩张"之路。

中国教育最大的分母在农村，最薄弱的环节也在农村。在此背景下，农村寄宿制学校建设工程、"两免一补"工程、农村中小学现代远程教育工程、农村教师"特岗计划"等政策相继实施，不断推进中国教育迈入现代化进程。

我们在约占世界人口 1/5 的国家全面实现"两基"，为全人类文明进步作出伟大贡献。联合国教科文组织统计，世界儿童入学率从 80% 增加到 84%，我国在此方面功不可没；从 1990 年到 2005 年，世界文盲减少 1 亿人，其中我国减少 9000 万人。在 9 个发展中人口大国中，我国是唯一全面实现九年义务教育的国家，成为推动世界全民教育发展的重要力量。

在这场迈向教育机会公平的伟大征程中，"两基"如星星之火，串联起了基础教育的重要转折。教育督导制度发轫于"两基"，义务教育实现于"两基"，均衡发展起步于"两基"，素质教育理念脱胎于"两基"……

当数量不再是基础教育面临的最大问题时，质量提升的呼声便日益渐高。人们愈发意识到片面追求升学率的弊端，开始关注人的全面发展，更加理解教育规律。

在这一背景下，1999 年，改革开放以来的第三次全国教育工作会议在北京召开，会议主题即为"深化教育改革，全面推进素质教育"。同年，中共中央、国务院颁布了《关于深化教育改革，全面推进素质教育的决定》，明确了素质教育的目标、内容以及保障措施。

当中国共产党提出"以人民为中心"的执政理念时，人们发现，这个理念也落实在我国教育的行动中。驶入新时代的基础教育，从"有学上"到"上好学"的转变，折射出人民群众对美好生活的向往，对未来的期盼。人民群众的获得感成为基础教育重要的价值取向，均衡发展、质量提升成为中国基础教育事业发展的新坐标。

党的十九大报告提出，"努力让每个孩子都能享有公平而有质量的教育"。从基本均衡到优质均衡，从教育机会公平到追求有质量的教育公平，构成了新时期我国基础教育的主旋律，它们共同指向教育的应有之义务，即关注人的全面发展，并且让每个孩子都有人生出彩的机会。①

从基础教育评价改革的变化来看，自 1999 年中共中央、国务院颁布《关于深化教育改革，全面推进素质教育的决定》和开展第八轮国家基础教育课程改革以来，我国在基础教育评价领域做了大量探索，其中具有权威性、合法性及价值相关性特征的评价政策制定在其中扮演了重要角色。基础教育评价政策不仅是我国政府关于教育全面决策部署的集中体现，也是新时代教育评价改革宏伟蓝图形成的基础。2020 年 10 月，中共中央、国务院印发了《深化新时代教育评价改革总体方案》，这是新时代教育评价系统性改革的纲领性文件，也是破除教育评价功利化倾向与建立良好教育生态环境的行动指南，为加快推进教育现代化进程提供了强有力的保障。②

---

① 中华人民共和国 70 年基础教育改革发展历程. 教育部网站，http://www.moe.gov.cn/jyb_xwfb/s5147/201909/t20190926_401046.html?ivk_sa=1024320u，2022-10-22.

② 蔡旻君. 上海教育评估研究［J］. 2021（4），73-79.

在评价政策的发展脉络和演绎逻辑上，我国教育评价政策经历了法制规范、改革创新、科学完善三个时期，全面依法治教、推进评价改革、建设专业化评价队伍是我国教育评价政策发展的关键。① 与之对应的基础教育评价政策演进也经历了素质教育全面推进期（1999—2009年）、教育改革创新期（2010—2015年）、学生发展核心素养期（2016年至今）三个主要阶段。

2021年3月6日，习近平在看望参加政协会议的医药卫生界、教育界委员时强调：把保障人民健康放在优先发展的战略位置，着力构建优质均衡的基本公共教育服务体系。同时指出"要围绕建设高质量教育体系，以教育评价改革为牵引，统筹推进育人方式、办学模式、管理体制、保障机制改革"。

从课程改革发展阶段来看，我国基础教育课程改革从中华人民共和国成立后至2021年年底，前后经历了8次课改，从第一套中小学教材到第八次的课程目标与课程实施的改革指标的一系列变化，均反映出我国基础教育在历史发展变迁中与时俱进、推陈出新的时代新思想。2022年3月25日，教育部发布关于印发《义务教育课程方案和课程标准（2022年版）》的通知，再一次将新课改提升到历史的新高度。新修订的义务教育课程以习近平新时代中国特色社会主义思想为指导，落实立德树人根本任务，强调育人为本，依据"有理想、有本领、有担当"时代新人培养要求，明确了义务教育阶段培养目标。

从体制机制的发展阶段来看，当我们站在习近平新时代中国特色社会主义教育制度体系建设的高度，把中国教育改革与发展放在40年社会政治经济变革的宏观背景下考察，全面检视中国教育体制机制改革与创新历程时可以发现，贯穿40年教育事业发展的主线是改革开放。改革开放40年来的教育体制机制改革经历了五个发展阶段，即1978—1984年，教育制度的恢复与重建：拨乱反正；1985—1991年，教育体制改革的展开：简政放权；1992—2002年，教育体制改革的探索：市场机制的引入；2003—2009年，教育体制改革的持续：从效率走向公平；2010年至今，教育体制机制改革的深化：从管理走向治理。在习近平新时代背景下，教育改革进入深水区、攻坚区，如何办好人民满意的教育是我们当下及未来亟须深思的问题。遵循教育规律和人才成长规律，大力推进教育体制改革创新，形成充满活力、富有效率、更加开放、有利于高质量发展的教育体制机制，我们的教育才能让人民满意。②

在党的十九大提出对我国社会主义现代化建设一系列的重大要求，明确我国进入到中国特色社会主义新时代这一历史方位以后，教育面对新时代发展期的更多挑战，也承载着时代赋予的艰巨使命和任务，所有教育工作者都在思考教育发展的未来走向。由此，未来教育的研究逐步进入专家学者们的专业研究范畴，基础教育阶段推动未来学校的探索也成为大势所趋。

当前，构建高质量教育体系是我国教育的新使命。中国共产党第十九届中央委员会

---

① 冯虹，朱瑞. 20世纪90年代以来我国教育评价政策的回顾及展望［J］. 教育测量与评价，2019（11）：28-33.
② 范国睿，孙闻泽. 改革开放40年教育体制机制改革的历史与逻辑分析［J］. 教育研究，2018（7）.

第五次全体会议通过的《中共中央关于制定国民经济和社会发展第十四个五年计划和二〇三五年远景目标的建议》明确提出："建设高质量教育体系"。习近平在省部级主要领导干部学习贯彻党的十九届五中全会精神专题研讨班重要讲话中强调："进入新发展阶段、贯彻新发展理念、构建新发展格局，是由我国经济社会发展的理论逻辑、历史逻辑、现实逻辑决定的。"高质量教育体系是中国教育进入新发展阶段的重要标志，是贯彻落实新发展理念的重要行动，是构建新发展格局的重要支撑，同时也是"十四五"乃至更长一个时期中国教育高质量发展的历史方位、战略起点和重要使命。更加先进的制度体系、更加完善的结构体系、更富质量的育人体系和更加现代的治理体系，是"高质量教育体系"的四大支柱，也是中国教育进入整体现代化阶段新的战略任务和历史命题。

2022 年 10 月 16 日，中国共产党第二十次全国代表大会在北京召开，在党的二十大报告中把科教兴国独立成章，有着非常重要且特别的意义。

纵观我国基础教育发展的完整历程，七十多年来，基础教育最为重要、最为优选的政策导向是公平和均衡发展，而科技的发展与进步又恰好为中国式教育现代化的发展提供了公平和均衡发展的高速赋能。"互联网+"、教育新基建、教育数字化转型、智慧教育园区等新兴产业与项目的推动以及社会力量的大力参与，这些力量成为"三新"教育新样态的催化剂，呈现百花齐放的创新发展新格局。

第二节　育人导向的基础教育数字化发展战略

党和国家高度重视教育信息化建设并作出重要战略部署，多次强调数字化在引领教育现代化进程中的意义。新基建、人工智能、大数据等相关政策的出台，为教育信息化创造了前所未有的发展机遇和基础条件。加快推进教育数字化转型，是我国从教育大国到教育强国的必然选择。新时代教育信息化开启了新征程，对教育信息化的发展历程的回顾，也将有助于更好地梳理和理性地反思中国式教育现代化创新与实践征程中的关键举措与创新价值。

2000 年 11 月，《教育部关于在中小学普及信息技术教育的通知》文件发布，决定从 2001 年开始用 5 年至 10 年的时间，在中小学（包括中等职业技术学校）普及信息技术教育，在中小学实施"校校通"工程，努力实现我国基础教育跨越式的发展。2001 年 7 月，教育部发布的《全国教育事业第十个五年计划》提出，高度重视信息技术对教育产生的革命性影响，大力推进教育信息化。2002 年 9 月教育部发布《教育信息化"十五"发展规划（纲要）》；2002 年 11 月，教育部发布《〈教育管理信息化标准〉实施办法（试行）》；2003 年 8 月，教育部发布《2002—2003 年教育信息化发展概况》（其后逐年发布）。标志性项目是 2003 年起实施的农村中小学现代远程教育工程。

2004 年 3 月 3 日，国务院批转了教育部《2003—2007 年教育振兴行动计划》，提出加快教育信息化建设进程。为了提高国民的信息化素养，必须把信息技术知识加入教育教学的各个环节。必须大力提高教师的信息化素养，加大教师教育技术能力的培训力度，设立考核制度，使教师的信息化素养适应信息社会对教育的要求。2004年12月，教育部印发《中小学教师教育技术能力标准（试行）》的通知；2005年4月，教育部下发《教育部关于启动实施全国中小学教师教育技术能力建设计划的通知》。为保证计划的顺利实施，教育部成立由主管部门领导担任组长，由相关司局单位等共同组成的全国中小学教师教育技术能力建设计划项目实施工作领导小组。2005年8月，教育部发布《教育部科技基础资源数据平台建设管理办法》。

2010年7月，《国家中长期教育改革和发展规划纲要（2010—2020年）》重新提出，信息技术对教育发展具有革命性影响，必须予以高度重视。2012年，教育部颁布《教育信息化十年发展规划（2011—2020年）》。2013年，党的十八届三中全会将教育信息化写入中央全会决议。

2015年7月，《国务院关于积极推进"互联网+"行动的指导意见》发布，提到了11项任务，探索新型教育服务供给方式是其中一部分。2015年8月，国务院印发《促进大数据发展行动纲要》文件，包括基础数据伴随式收集、学生基础数据库、教育资源云服务体系、大数据的支撑作用、大数据综合服务平台等。

2016年6月，教育部印发了《教育信息化"十三五"规划》。2016年7月，中共中央办公厅、国务院办公厅印发《国家信息化发展战略纲要》，明确要求将信息化贯穿我国现代化进程始终。

2017年7月，国务院印发《新一代人工智能发展规划》，提到了智能教育，涉及交互式学习、智能校园、立体综合教学场、智能教育助理以及学习者中心教育环境等。

2018年4月，教育部印发《教育信息化2.0行动计划》，教育信息化被提升到教育教学改革的核心位置。

2019年2月，中共中央、国务院印发《中国教育现代化2035》，提出到2035年总体实现教育现代化，迈入教育强国行列，推动我国成为学习大国、人力资源强国和人才强国；要加快信息化时代教育变革，聚焦教育发展的突出问题和薄弱环节，立足当前，着眼长远，重点部署了面向教育现代化的十大战略任务。

2020年，党的十九届五中全会审议通过了《中共中央关于制定国民经济和社会发展第十四个五年规划和二〇三五年远景目标的建议》，提出建设高质量教育体系，要全面贯彻党的教育方针，坚持立德树人，培养德智体美劳全面发展的社会主义建设者与接班人。

2021年，教育部相继发布《教育部关于加强新时代教育管理信息化工作的通知》《高等学校数字校园建设规范（试行）》。教育部等六部门发布《关于推进教育新型基础设施建设构建高质量教育支撑体系的指导意见》。2021年12月，中央网络安全和信息化委员会印发《"十四五"国家信息化规划》，对我国"十四五"时期信息化发展作出部署安排。

《教育部2022年工作要点》明确提出实施教育数字化战略行动，建设国家智慧教育公共服务平台。2022年1月召开的全国教育工作会议提出，加快教育高质量发展，推进教育现代化。2月，教育部怀进鹏部长在出席国家教育行政学院春季开学典礼时指出，要聚焦数字中国，大力实施教育数字化战略行动。按照"需求牵引、应用为王、服务至上"的原则,抢占未来发展先机,切实以教育信息化推动教育高质量发展。8月,教育部印发《教育部关于推进新时代普通高等学校学历继续教育改革的实施意见》,强调要深入实施国家教育数字化战略行动,提升数字化公共服务水平,广泛汇聚优质数字教育资源,促进优质数字资源共建共享。9月,在二十国集团(G20)教育部长会议上,怀进鹏部长倡议,共同引领教育数字化转型执行力。促进优质数字教育资源共享共建,推动教育生态、学校形态、教学方式变革,合力推进教育数字化转型和绿色转型。①

2023年2月13日,世界数字教育大会召开。国务院孙春兰副总理莅临大会并致辞,强调要着力将国家智慧教育平台打造成教育领域重要的公共服务产品,促进数字技术与传统教育融合发展。教育部怀进鹏部长在会上发表《数字变革与教育未来》的主旨演讲,指出数字化转型是世界范围内教育转型的重要载体和方向。李永智院长代表中国教育科学研究院在世界数字教育大会上正式向海内外发布《中国智慧教育蓝皮书(2022)》与2022年中国智慧教育发展指数报告。

2023年2月27日,中共中央、国务院印发了《数字中国建设整体布局规划》指出:建设数字中国是数字时代推进中国式现代化的重要引擎,是构筑国家竞争新优势的有力支撑。加快数字中国建设,对全面建设社会主义现代化国家、全面推进中华民族伟大复兴具有重要意义和深远影响。

从政策发展走向看,在科技赋能教育理念的指引下,基于数字化转型的时代变革与技术趋势,从长期的教育信息化发展到近几年的教育数字化转型应用场景与发展战略,无论是教育理念、操作方式,还是评价标准、供给关系等都发生了根本性的变化,包括流程重组、结构变革、课堂重构、教学重整、资源整合、治理优化、服务建设、师生关系、教师角色、多元评价等,都在各级教育部门与学校和社会的共同行动中探寻中国式教育现代化的智慧应用价值与创新实践策略,推动着教育教学理念的根本性转变。

第三节 走向全社会共同参与的教育治理新格局

《中国教育现代化2035》提出,到2035年要形成全社会共同参与的教育治理新格局。在"双减"政策的实施下,社会参与教育治理又有了更多时代发展的新思考与创新变革的新思路。"党委全面领导、部门依法管理、学校自主办学、社会广泛参与、各方共同推进"是当前很多区域推进社会参与和教育治理的常规性举措。

大数据时代,为现代教育治理的发展提供了一个新契机,数据驱动的现代教育治理应运而生。而基于5G、大数据、区块链、人工智能、云计算、知识图谱等技术类的应用主导者,则更多的是各类技术型社会企业,教育的发展离不开科技的助力,而科技赋能教育的发展离不开社会企业的专业技术支撑。因此,全社会共同参与教育治理成为时代发展的大趋势,特别是科技促进教育深度变革和教育均衡发展更是成为不可或缺的关

---

① 李志民. 我国教育信息化政策研究综述(二). 中国教育信息化网, https://web.ict.edu.cn/2023/zmhhs_0115/80835.html, 2022-10-23.

第一章　新时代基础教育创新与实践的发展背景

键因素。比如，地方教育部门借助技术企业的大数据挖掘分析引擎，为教育管理者进行学区划分和教育资源配置提供依据；基于对各类教学数据、评价数据、管理数据的评测，促进教师专业成长、学生个性发展，完善课程与其他资源的配置以及保障校园安全；全面提高教育教学的质量，提升为师生服务的效率；利用技术平台、相关工具等手段提供学校的安全预警与日常险情监测，等等。

从发展历程看，中国式教育现代化的推进离不开教育信息化行业企业的助推。在演进历程中，发挥"教育+科技"优势，教育信息化从早期的基础设施建设向教学质量提升演进；从内容资源的基础形态向课程教改的混合式教学教研支持演变；从简单的OA管理向智能数据驱动治理转变；从单纯的产品应用到全系统个性化服务递进，等等。

在教育信息化1.0时代，以教学环境变革为主，侧重于教学硬件的普及和计算机网络的搭建和联通。2002年12月发布的《教育管理信息化标准》拉开了教育行业信息化建设的序幕。2012年3月发布的《教育信息化十年发展规划（2011—2020年）》提出"应用驱动"的工作方针，打造"三通两平台"，普及多媒体教室、网络教室，建立教育资源中心，标志着教育信息化的需求演进。

教育信息化2.0时代，以推动信息技术与教学深度融合为目标，自2018年4月《教育信息化2.0行动计划》出台后正式开启。2.0时代不再是白板与教室、智能终端及支持网络、录播教室等硬件设施的建设，更重要的是要将信息化元素融入教学活动中。利用科技和数据驱动，实现优质教学资源开放共享，全国教育基础数据互通，建成国家教育资源公共服务体系。

当前正进入教育信息化3.0时代，基于互联网的大数据技术，互联网教育将进一步助力教育公平化、个性化发展，人工智能技术也在加速促进教育系统的整体变革，推进教育、科技、人才的融合发展，新兴教育产业园的创新样态也在不断推出。"5G+教育"、教育新基建应用、教育数字化转型新场景等正在加速推进教育的高质量发展。以教育信息化产业生态为代表的一大批社会力量正在推动教育现代化的发展，以专业技术和应用研究为导向，融入全社会共同参与治理的教育新格局大体系中。

第四节　未来教育相关论坛的专家观点

《中国教育现代化2035》提出："优先发展教育，大力推进教育理念、体系、制度、内容、方法、治理现代化，着力提高教育质量，促进教育公平，优化教育结构，为决胜全面建成小康社会、实现新时代中国特色社会主义发展的奋斗目标提供有力支撑。"确立了2035年的主要发展目标为："建成服务全民终身学习的现代教育体系，普及有质量的学前教育，实现优质均衡的义务教育，全面普及高中阶段教育，职业教育服务能力显著提升，高等教育竞争力明显提升，残疾儿童少年享有适合的教育，形成全社会共同参与的教育治理新格局。"

在国家大政方针的指引和相关工作的部署下，许多著名的专家学者在参与慕华成志等单位组织的相关会议及专项课题实验时，通过演讲或寄语等多种方式，对中国教育现代化的发展、未来学校建设、教育治理、社会参与等多方面提出了自己的观点,为中国未来教育的发展提供了相应的价值理念与发展导向。

本书摘录部分观点主要来自从 2014 年 5 月慕华成志成立之初到 2022 年年底期间,慕华成志组织的"未来教育行动计划发布会采访""全国中小学未来教育高峰论坛(第一届至第五届)""现代学校治理改革发展研讨会"等多类会议与公开活动的部分专家观点。部分理念在专家著作中也有同样的观点体现。

以下摘录内容仅为上述会议活动期间,时任相关职务的专家发表的观点,部分观点在其他文献中亦有同类表述,可见脚注。仅为学习与研究参考,内容排名不分先后。

朱永新(时任民进中央副主席、全国政协常委兼副秘书长)

在未来,学校机构、社会教育机构、网络教育机构都可能成为重要的教育资源。学生的选择性可能会更大,学校的开放性可能会更大,政府可能会和各种教育机构合作,通过购买公共服务的方式,为未来的学生提供更便捷、更个性、更多元的服务。未来的学校,可能会成为一个新的学习中心。①

汤敏(国务院参事、著名经济学家)

教育最大的成功是让学生学会学习,就是我们未来的学生将有终身学习的过程,那么我们怎么样给他最好的学习方式、学习内容,从而让他能够很快地适应未来社会的变化,最终他们都能有一个很好的学习能力呢?

如果我们用传统的方式,那当然很难解决这个问题。但是现在有些很新的方式,比如慕华成志教育集团他们把卡通课程送到了深度贫困的大凉山地区,学校的孩子们直接上的就是由清华附小、清华附中的一线教师参与设计开发出来的动漫微课。当地教师先播放 10~15 分钟的动漫微课,就把这一课的内容都讲了,之后教师与学生互动、讨论。这样,一方面大大减轻教师的负担,另一方面也保证了教学质量。

现在他们正在推动混合式教学,用人工智能、互联网的方式来推动这种新的未来教育的模式,那么这些都是用互联网的方式把优质的教育资源快速地、非常低成本地送到了乡村学校,让我们的乡村学校也能和城市学校一样,享受这些优质的教育资源。②

张力(国家教育咨询委员会秘书长)

因为教育是整个人类文明传承的一个基石,当然也是中华民族振兴的基石,所以我对未来的教育的理解,就是我们现有的公共资源和社会各方面非公共资源,将会更加协调地一起调动。

钟秉林(北京师范大学教授)

第一,是要想方设法提高教育质量,特别是学校的人才培养机制,因为这是一个非常核心的问题;第二,在提高质量的基础上,要进一步地促进教育公平,要促进优质教育的均衡发展,或者说要不断地拓展优质教育资源的覆盖面,达到这种有质量的公平或者是高质量的公平。③

---

① 朱永新. 走向学习中心[M]. 北京:中国人民大学出版社,2008.
② 汤敏. 对未来教育发展的几点认识[J]. 中国基础教育,2023(3).
③ 钟秉林. 加强科学谋划 提高教育质量[J]. 中国高等教育,2016(1):15-17.

杨银付（中国教育学会秘书处秘书长）

现代学校致力于改革发展，要加快构建基于数据的教育治理新模式。学校从传统管理方式向现代化教育治理模式转型，既需要思想观念转变，又需要信息技术支撑。实施教育数字化战略行动，将进一步强化需求牵引、深度融合、创新赋能、应用驱动，推进教育新型基础设施建设，建设国家智慧教育公共服务平台，加快发展"互联网＋教育"，加快推进教育数字转型和智能升级，同时建设国家教育治理公共服务平台和基础教育综合管理服务平台，提升数据治理、政务服务和协同监管能力。这里的应用场景——包括教学、研训；包括管理、评价——就是要让信息化赋能高质量教育，就是要构建基于数据的教育治理新模式，让信息技术推动教育改革，让教育信息化助力教育现代化。①

袁振国（华东师范大学教授）

我们可以把教育信息化的发展分成四个阶段：第一个阶段是数据化，第二个阶段是网络化，第三个阶段是数字化，第四个阶段是智能化。这四个阶段是相互关联的，我们现在处在信息化的高级阶段。②

教育数字化的本质一定是促进人的发展，促进人的个性多样化的自由发展，而不是简单地把数字技术、人工智能技术用到教育当中来，更不是把我们的已有的智能化产品简单地推广到教育中去。

在教育数字化背景下，教育的治理有几个要素将会更加凸显，也应该成为我们教育管理者也包括我们的教师要越来越加以关注的内容：第一，教育治理是多元化而不是单一化，应是多种声音、多种标准、多种选择的；第二，就是从强制走向协商，就是要通过协商来达成共识；第三，学校治理的思想就是共同构建而不是单一执行。

杨念鲁（时任中国教育学会常务副会长）

未来学校到底应该有哪些特征？我想主要要从未来教育发展变化的趋势来看。那么未来教育有哪些重大的变化呢？我觉得有这么几点。

第一，首先是理念的变化，就是教育观念的变化。简单地说，它的核心叫作"教育无处不在，学习无处不在"③。在未来，学习不仅仅发生在学校，也不仅仅发生在课堂，而是发生在人生的每一个角落、每一个方面、每一个时间，这是最大的一个变化。我们必须用这样一种理念更新我们的教育观念、我们的教育实践。

第二，学校的功能发生了变化。过去我们学校的功能就是教，教会孩子们学习知识。在未来，学校主要是在课堂上创造情境，这种情境是问题情境，老师带领学生在这个情境当中，带着问题去完成任务，在这个完成任务的过程中，学生学到他应该学的基本知识，形成他基本的技能，而且这样的知识和技能是可以迁移的。让孩子在这个过程

---

① 杨银付．中国教育学会教育管理分会现代学校治理改革发展研讨会．http://www.teacherline.cn/h/ddrd/zxdt/2022-04-06/5079.html，2022-10-24．

② 袁振国．教育治理现代化研究专题［J］．中国教育学刊，2022（8）．

③ 杨念鲁．谈教师如何面对未来观念转变．http://edu.china.com.cn/2019-10/21/content_75323357.htm，2022-10-24．

中建立知识与技能的联系，得到深度的思维训练。

第三，学习的方式也会发生很大的变化。现在我们主要是以课堂教学为主，那么未来学习的方式，课堂教学可能就不占这么大的比例了，它只是学习方式的一种，那么线上学习、自适应学习、情景式学习、项目式学习、体验式学习可能都会成为我们常见的学习方式。学习的选择性将会更强，学习更加多样化。未来的学习，孩子们根据自己学习的需要，根据自己学习的实际——采取一种自适应的学习可能变得更加普遍。孩子在完成基本的教学要求的情况下，每一个人的学习的任务可能有很大的不同。

第四，未来学习的空间布局会发生很大的变化。可能不一定在学校里边，也不一定在教室里边，而可能在田野、工厂、社区等地方，这些地方都要与学校有一个紧密的、有机的连接和互动，才能够创造这样一种完整的学习场景。即便是在我们的学校里面，教室可能也不是固定的了，可能是活动式的、组合式的，根据不同的学习任务，进行不同的组合。

第五，教师的角色也会发生很大的变化。过去的教师是传道、授业、解惑，这个本质上不变，但他的角色发生了很大的变化。过去在教师主导下，主要是教孩子们学习知识、做题，以期能够考到一个好分数，但是未来教师的角色发生变化，他不仅仅是传授知识了，他可能是个导师，他可能是学生的助手，也可能是学生的伙伴，他的角色发生了很大的变化。

第六，将来的学习必须与信息技术紧密地结合。我们从这样一些角度、维度去思考未来的教育，我们就知道未来学校在完成国家的统一教学要求的前提下，我们应该做哪些尝试、改革、创新和努力。

张凤昌（清华大学教授）

教育要有新的作为，不仅要关注教育的未来，更要关注时代的未来。教育是国之大计、党之大计，在以后的发展过程中，我们应不断创新教育理念、不断革新教学方法、不断探索智能教育水平，构建面向未来的教育生态，作出更大的贡献。

陈丽（北京师范大学教授）

未来学校是我们新时期未来教育改革发展的重要创新领域和时代命题。我们可以从三个层面去分析和探讨各个未来学校的创新实践。

第一个层面是理念层面，理念层面我认为是最重要的创新层面，是未来学校改革发展的思想基础和价值导向，这里可能涉及未来的知识内涵、未来学校与社会的关系、未来课堂的定位和未来学习的本质。

第二个层面是课程教学层面，这个层面涉及未来的课程体系、教学模式和评价方法。

第三个层面是办学空间层面，这包括物理空间，即我们最熟悉的教室、学校的校园，还有网络空间，未来的学校一定是在物理空间和网络空间的共同支持下来进行教育教学实践。

不同的未来学校可能在不同的层面有所创新，或者在不同的点上进行创新上的探索。我们要用自己的理念，在自己的环境中探索适合中国的教育教学实践。中国的信息化推动学校变革，应该说我们在世界上具有显著的领先位置，我们要自信、自觉和自

第一章　新时代基础教育创新与实践的发展背景

强，特别是说我们要有这样的自信、自觉去摸索并产生中国土壤中的教育理念，去探索适合中国文化的未来学校。我也建议未来学校在推进创新的过程中，特别关注在新时期网络空间的建设和创新。①

韩景阳（清华大学原党委副书记）

办好未来教育有三个方面是应该引起我们高度重视的。

第一个方面是要面向国家的建设需求，面向社会的发展需求。社会在不断发展，治理体系和治理结构都在发生深刻的变化，包括一些组织结构、组织体系都在发生变化，面向未来的教育应该培养我们的学生——其实是未来国家的建设者——他们如何更好地适应国家现代化建设的需求，如何很好地适应我们现在社会的发展需求。只有我们的学生培养出来，今后才能够很好地适应国家的现代化建设需求，像现在大家说的智慧城市、智慧社区等，这些可能都是未来我们的学生要去建设的东西，是我们的学生要去生存、要去发展、要去成长的地方。所以我想第一个方面，我们的未来教育一定要适应国家现代化建设的需求，适应社会发展的需求。②

第二个方面是面向未来的教育一定要重视学生的全面发展，同时也要重视尊重我们人的这种个性化的发展。我们未来对学生的成长、发展绝对不是一刀切的，我们未来社会是需要各方面的人才。我们既需要科学家、研究者，同时我们也需要大国工匠、能工巧匠。我们既需要研究理论的人，也需要艺术家、科技工作者，同时我们也需要一些在其他各个岗位上工作的工人。我们每一个学生都有自己的个性和自己的特点，未来教育一定要尊重人的个性，尊重人的全面的发展，让我们的学生能够充分发挥他们的潜能。我们一定要重视学生的全面发展，也重视每一个人的个性化发展。

第三个方面是要充分运用现代化的科技手段。我们现在是一个信息化的社会，信息爆炸的同时，互联网为我们的教育提供了非常好的基础和条件。现代化的技术、手段以及网络的发展为我们的教育提供了良好的发展环境和空间，也给我们的教育提供了非常好的创新机会，特别是对于一些各方面相对比较贫困落后的地区，这种现代化的教育手段和网络技术为我们的未来教育提供了非常好的条件和手段，所以我们也要充分发挥这方面的作用。

马宪平（中国教育学会教育管理分会理事长）

关于未来学校的新样态，我觉得未来学校一定是一个和谐的、民主的、个性化的空间。未来的学习方式，从"以教为中心"转向了"以学为中心"。在这个过程当中，我们有多种学习方式可供学生选择，比如团队合作、1对1教学、项目式学习、基于设计学习、协作教学和协作学习、探究式自主学习等，在未来学校的教学当中应该体现得更加充分。不同的学生在不同的时间、地点，以不同的方式，从不同的人那里进行学习。所以学校的学习空间是需要社会化的一个学习区域，当然这个转化需要各项技术给予支持。所以我是觉得未来学校的学习方式，使学生们在任何时间、地点、方式下都可以学习。

---

① 陈丽，"互联网+教育"的内涵和创新方向．2021-08-20 17:00 发表于北京．

② 韩景阳．面向未来的教育创新研讨会．https://baijiahao.baidu.com/s?id=1743816510412950982&wfr=spider&for=pc，2023-09-10．

未来课程结构具有真实性、连接性、灵活性和参与性，就是说一定是要把孩子们的学习经历与现实世界联系在一起，例如跨学科学习、协作学习等。个人学习需求会被越来越多地与现实世界连接在一起，包括教师、学生和相关人员共同参与制定课程将会成为一种可能。

学校的组织和治理方式也将随之发生变化。学校融入社区，它是一个开放式的结构，学校的边界得到了大大的拓展。政府、学校、社会三者组织关系将重新建构，同时形成一个多元共治的现代学校治理的核心特征。未来学校的治理，要加强社会、学校、家庭的协同育人。

关于未来学生评价，要培养学生高阶思维能力，要努力改变学生的心智模式，要高度关注学生社会情感能力的培养，最后就是学生正确价值观的形成。未来学校的评价一定是更加全面，它不是仅以分数评价作为唯一指标，更加重视学生的综合素质评价，要依靠现代信息技术和人工智能有效地把学生的评价转为一种客观的、准确的和完整的评价。[1]

褚宏启（北京开放大学校长）

教育治理是多元主体参与的共同治理，民主化是其精髓，要充分尊重和保障老师、学生和家长的民主权利，即知情权、参与权、表达权、监督权，这种参与会带来好的治理，进而会带来好的教育。学校治理是学校管理的重大变革，通过治理能带来学生、老师、家长的活力，会让我们的教育更有质量、更加公平，让我们一起努力把学校治理推到新的高度。[2]

张志勇（北京师范大学教授）

"双减"政策正在深入地、系统地、广泛地对基础教育产生重大影响。"双减"背景下，我们如何来统筹学校教育的大变革：第一，要统筹推进课堂教学与作业改革；第二，要统筹推进课堂教学和课后服务改革；第三，要统筹推进学校教育和校外教育改革；第四，要统筹推进学校教育和家庭教育改革；第五，要统筹推进评价、考试和管理改革。

最后，我们还要发挥技术的作用，通过技术赋能降低教师的负担与教育的负担，提高我们教学的效率。我们在管理上、评价上、课堂教学的有效性上进行技术赋能，其实这就是我们这场改革带来的机遇。[3]

李五一（国家教育行政学院原副院长）

建设未来学校是一个重大的命题，也是我们教育发展的永恒主题，是教育科研的崭新课题，建设未来学校，促进未来教育，我们要从以下几个方面进行一些思考。

第一，要促进学生的全面发展。全面发展是马克思主义教育理论，是党和国家的教育方针，是我们办学的检验标准，我们要通过努力促进学生在德智体美劳等方面全面发展，这也是我们坚定不移的办学方向和目标。

---

[1] 马宪平. 教育转型期的阵痛：矛盾与变革[J]. 未来教育学刊，2014.
[2] 褚宏启. 基础教育如何进行数字化转型[J]. 中小学管理，2023.
[3] 张志勇. "双减"改革推动基础教育格局整体性变革[J]. 中国教育报，2021

第二，要注重培养学生的国际视野，让我们的孩子成长起来，能够立足中国，走向世界，为人类命运共同体作出较大的贡献。

第三，要结合国情，培养我们自己有用的人才，促进社会主义现代化建设。

第四，学校要不断地探索创新，积极探索新的管理模式、教育教学模式，促进教育与科技的高度融合，促进教育信息化的发展。

第五，未来学校还要注重培养学生的创新意识和能力。只有创新，国家和民族才有未来。创新要从中小学开始注意培养，为创新人才的发展打下良好的基础，这也是未来学校义不容辞的责任。

第六，希望未来学校办出自己的特色，要大力吸收他人的先进办学经验，创办具有自己特色的未来学校，为基础教育创新发展作出突出的贡献。①

李锋亮（清华大学教授）

为更好地实现教育现代化的目标，应对社会经济环境和技术环境的变化是对教育提出的挑战，培养更满足未来需求的人，需要对未来学校的愿景和未来学校的行动路线进行深入的思考。我们的目标是到 2025 年全面实现国家"十四五"建设高质量教育体系的发展目标，教育总体实力显著增强，现代化取得重要进展，动员所有利益相关者围绕未来学校的新模式形成广泛的联盟，探索出一套融合未来教育新理念、新标准、新技术的未来教育发展路线，建立一批基于未来教育发展路线的未来学校，为此目标，在以未来学校共同体及未来学校行动计划为主题，开展广泛调研的基础上，提出了推进未来学校发展的六大基本共识。

第一，优质。建设中国特色的高质量教育体系是未来学校发展的重要使命。

第二，个性。个性化定制学习是未来学校的重大任务。

第三，全纳。全纳是未来学校发展的重要理念。

第四，创新，创新是未来学校发展的不竭动力。

第五，共同体。共同体是构建未来学校的重要基石，共同体构建不仅包括学校内部的管理者，还有老师、学生，也包括学校、家庭与社会，让它们有共同的育人目标，深入构建一体化的育人体系，形成学校、家庭和社会相衔接的综合育人机制。

第六，可持续。可持续发展是未来学校发展的重要目标。

基于上述原则，我们致力于以下行动。

第一，建设中国特色的高质量教育体系。要树立符合教育规律、响应新时代且具有中国特色的教育理念，必须全面落实立德树人的根本任务，广泛开展理想信念教育，厚植爱国主义情怀。

第二，建设数字教育资源。实现个性化和终身教育，让老师和学生一起根据学生能力设计个性化的学习计划，让数字化课件和通信技术把学生老师和学习资源联合起来，使得无法走进学校接受教育的人也被纳入到未来学习体系中。

第三，改革创新人才培养模式和教学方法。要推行启发式、探究式、参与式、合作

---

① 李五一. 第五届全国中小学未来教育高峰论坛. 2021.

式等教学方式，实现规模化教育和个性化培养的有机结合，开展研究型、项目化、合作式学习。

第四，打造高素质专业化的教师队伍。要进行开放、协同、联动的中国特色教师教育体系的建设。要夯实教师专业发展体系，推动教师终身学习和专业自主发展，让教师减少职业倦怠，一直面向未来。

第五，加强未来学校共同体构建。要增强家庭与社会的教育参与程度和参与质量，通过家校互动、家校合作委员会、社区服务等形式，让家庭和社会共同参与。

第六，推进教育治理体系和治理能力现代化。在百年未有之大变局之际，在信息技术飞速发展的时代，教育面临重大的机遇和挑战，我们要立足当前、面向未来，以创新的发展姿态，深入探索未来学校的发展方向与行动路径，汇聚各界力量，统筹推进未来学校的建设。①

王元丰（北京交通大学教授）

我们要深刻认识三类范式变革②对教育的挑战。

第一，知识将从线性增长到指数型增长的转变。

第二，学科交叉和产业耦合成为新常态。

第三，科学研究的范式也将发生改变。

过去我们只是教"读、写、算"等这些信息方面的思维，但是未来更需要批判性、创造性思维，以及与人沟通合作的能力，还有好奇心、首创精神、坚韧性、适应性、领导力和社会文化感悟力这六方面的品格与素质。

未来我们一定要强化转变，真正转变教育理念。另外要注重教师的作用。那么教师的作用未来是什么？教师不仅仅是传授知识，育人更重要。教师要发现学生的兴趣、强项以及价值，引导他们怎么样去学习。教师未来更是一个指导者、教练。所以，教育的理念、教师的作用要发生变化，社会情感教育更需要教师教育心灵、激发意志，让学生有上进心。

教育不仅是为社会培养劳动力，教育也不仅是让人社会化。学生是有血有肉的人，教育的目的是激发和引导他们走上自我发展之路，使他们成为自主、自治之人物，而非受制于他人。未来教育就是培养独立自主，追求平等自由，能够健康生活和工作的"自然人"。

未来30年，整个世界将发生重大改变，文化将成为第一要素，要培养学生与技术和机器竞争，要靠创意性、创新性、创造性——让学生成为自己。教育革命关乎人类未来，希望我们教育能有真正的变化，我们才能够应对未来。

刘根平（广东省人民政府督学）

从未来学校的思考展望未来，未来最大的特征就是不确定性。未来是对人类智慧的

---

① 李锋亮.面向未来的教育创新研讨会.https://baijiahao.baidu.com/s?id=1743816510412950982&wfr=spider&for=pc，2022-10-25.

② 王元丰.当前科技创新发展有三方面范式变革.国际金融论坛（2021），https://baijiahao.baidu.com/s?id=1701186470181306924&wfr=spider&for=pc，2022-10-25.

挑战，是对人类道德的挑战，是对人类行为敏捷性、敏锐性的挑战。

对创新教育的理解我归纳为七个方面：第一，孩子永远是教育的核心；第二，永葆热情的教师必不可少；第三，融合动手、动脑，以及满足所有孩子的学习是学校教育应有的形态；第四，创新教育是解放心灵、释放潜能；第五，创新是每个儿童心灵中的一粒种子，教育是给予阳光、空气和水分；第六，创新教育的内容要体现真正的相关性和无边界特征；第七，创新教育的评价应该是多元的、个性化的。

我们的教育第三空间恰恰可能是未来创新人才孕育和培养他们创新理念和创意的地方，我们的教育、我们的课程应该把它考虑进去、设计进去。

曹培杰（中国教科院未来学校实验室副主任）

对于我们今天的教育管理者来说，应该注重哪些领域呢？我觉得最重要的是要提高三方面的领导力[1]。

第一，要提升学习空间领导力。随着未来的发展，教室不再是车间式的教室，学校不再是教育的工厂，而是变成学习的村落，变成学习的乐园，通过这种开放式、多样化的学习空间设计，为学生创设个性化的学习体验间。

第二，要提升学习变革领导力。我们的学习方式要从原来的学以致用，转向用以致学。开展深度学习，还原知识的丰富情境，提供接近专家及其工作过程的机会。开展跨学科学习，将不同学科围绕同一个主题联系起来，开展STEAM教育和创客教育。开展无边界学习，充分利用社会资源开展教育，把全社会变成学生成长的大课堂。

第三，要提升教育管理领导力。未来，学校管理将从科层组织结构走向弹性组织结构，强调扁平化、协同和赋能，释放办学活力。学校将享有各方面的自主权，利用信息化手段扩大多元主体参与度，形成协同创新的网状治理结构。

总的来说，未来学校是有无限可能的，我特别希望在人工智能时代，我们能够不断地去探索，不断地去突破，形成具有自我特色、本土特色的未来学校模式，从而让我们的教育变得越来越好，质量越来越高。

刘荣青（深圳市罗湖区教育局二级调研员、罗湖未来学校原负责人）

算法时代扑面而来，超级人类智能社会将缓慢而确定地改变自然生命人的认知和习得机制，人类已经踏在了未来已来的路上。这时候，教室的环境、学校的边界、教育者的观念、学校管理模式等都要大刀阔斧地革新，让能量因子在自由、开放、真实的环境中传递生产，最终形成一个独具特色的习场。当教育发生在习场时，习场内部的整套运行机制将发生怎样的变革呢？当习场与未来相遇，我们该如何教，如何学？

其实教育天然的就应该是面向未来。很显然，颠覆性创新时代，让教育动力系统原理与机制都出现了根本性的改变。未来学校是一个开放的、动态的学习场地，体现着人类认知的社会性、人本性、主动性、实践性、生成性和创造性，最后实现"处处有习场，时时能习得，人人皆习者"的学习型社会的目标。[2]

---

[1] 曹培杰.面向教育数字化转型的校长领导力重构[J].中小学管理，2023.
[2] 刘荣青.2022年12月2日做客深圳"市民文化大讲堂"，分享"未来教育探索与实践".

第二章　未来学校的发展研究与实践经验

第一节　国内"未来教育"与"未来学校"文献综述

一、信息技术对传统学校的冲击是建构未来学校的必要条件

学校本身是社会发展到一定形态的产物，当前学校制度是大工业时代的产物，教育的实体存在——学校与大规模工业生产相适应。大工业时代的特点是把人集中起来，用机械化生产的方式、统一的大纲、统一的部署来学习，注重效率，但是在一定程度上，是非人性化的。随着互联网时代的到来以及人工智能、大数据等一些新兴科技的出现，已经到了应该被改变的时候。[①]在未来，学校组织中教育行政部门的治理职能比重下降，服务功能增强，教育主管部门需要推动学校教育、家庭教育和社区教育三者之间的充分交融。从主体看，信息技术的冲击会催化教师、学生、学校朝未来学校与未来教育的取向发生转变。

（一）传统学校难以适应信息时代的需求

传统学校体现出社会人力职能和标准化组织优势等特点，为工业社会的发展提供了合适的劳动力。但在信息时代，传统学校原有的一些优势开始变为劣势。互联网把全球连在一起的同时，也打破了传统学校之间相对独立的"孤岛"情形。因为信息时代正在或已经形成屏幕化和链接化的形态，学生没必要每天同一时间坐在完全相同的教室里与同学保持相同的学习内容和进度来共同学习一节课。种种现象表明传统学校的教学模式已不再适合继续存在，必须朝着与信息时代相适应的方向演变。

现在实行的传统学校是在工业革命的时代背景下兴起的，学校培养目标是统一型人才，以此来保证劳动效率。当前，随着大数据、物联网、云计算、区块链、人工智能等新生事物的井喷式涌现，全球科技创新进入前所未有的密集活跃期，产业变革加速演进，已将社会推向以智能化为特征的信息时代。[②]在此背景下，人类社会的育人目标在

---

①　李丹. 未来已来　让教育回归最本质的天性——朱永新谈"未来教育中的教育国际化"[J]. 留学, 2018, No.104（10）: 42-44+7.

②　黄荣怀, 周伟, 杜静, 等. 面向智能教育的三个基本计算问题[J]. 开放教育研究, 2019（5）: 11-22.

全球范围内悄无声息地实现着升级、转型与换代，课程设置、教学方式、学习方式等都在发生深刻变化。社会需要的不再是"模子里的人"，需要的是具有创新意识和创新能力的人才。①

现在的世界已经不是按照领域来划分的，而是围绕挑战组织起来的。如果在工业时代你学习了某种专业，那么就会有一个工作岗位与你匹配，但今天这种局面已不可能存在，即使你学习了两个专业，也有可能失业。因此，要推进教育现代化，培育创新教育发展新引擎，适应国家"互联网+"、大数据、新一代人工智能发展新趋势，建设以新教育装备、新教育技术为核心内容的未来教育体验学校，探索新型教育装备与技术对教育的引领和促进的作用。②

诸如为课程装备创新装备使用运行机制，设计基于人工智能的大融合课程，普及人工智能、创客、数字化实验等课程项目；组建专业团队，实现装备功能使用最大化。注重教师能力培养，加强课程研发，实施队伍建设，建立课程体系升级的良性循环发展机制；引进合作项目，积极探索装备对教学的促进作用，构建起人工智能培训体系，完善学校装备运行机制。③

国内很多学校虽然都实现了信息化，但教学质量却没有显著提高的原因是教育教学核心没有发生结构性变革。当前的教育信息化是停留在对传统教育模式的缝缝补补，如利用多媒体设备上课从而快速呈现知识内容，利用视频录制做翻转课堂，利用信息技术网上考试和阅卷，等等。但是这些都只是把以前线下的事搬到线上完成，而教育教学核心没有改变。我们应该以互联网思维重新审视学校的教育教学体系，利用信息技术促进教育流程再造，以解决教育不公、创新不足、个性化教育不足、终身教育体系不完善等问题为目的，构建一个新的教育生态体系。④

以学科教学为核心的课程体系将面临重大挑战。未来，学生发展核心素养将不再单纯地从学科的角度来考虑，而将从人的素养角度来考虑教育的发展和人的发展。很多学科知识的更新速度将加快，以往很深、复杂的知识，可能在学生踏上社会时，已经被淘汰、更新。从前的"学习"更多的是把不懂的学会，这是学科性的思路；现在，"学习"则意味你不仅需要学会用系统性、综合性的思维来作出选择、判断，还需要学会借助各方力量来寻求解决问题的路径。从国际趋势看，在高中阶段，已经有很多学校开始让学生学习不同的学科，或者学习同一学科里面不同水平层次的内容。比如以活动课程、课题研究、探究式学习、主题式学习、项目等为抓手，进行跨学科的共同学习。为应对未来日益复杂的跨学科挑战，我们应当建立这样一种教学模式，让学生以团队合作的形式，用创造性的方案解决复杂的问题。这种学习方式聚焦于问题的解决，且问题没有唯

---

① 周洪宇，鲍成中．第三次工业革命与人才培养模式变革［J］．教育研究，2013（10）：4-9.
② 马丽英．未来学校：兴起、探索及建构路径［D］．华中师范大学，2020.DOI:10.27159/d.cnki.ghzsu.2020.000586.
③ 罗生全，王素月．未来学校的内涵、表现形态及其建设机制［J］．中国电化教育，2020（1）：40-45+55.
④ 张超，何厚华．未来教育、未来学校、未来课堂的探索与思考［J］．报刊荟萃，2018（2）：269.

一的答案。①

（二）教师、学生、学校角色转型

教师的教学方法受信息技术的冲击最为严重。信息时代背景下的学生不可能像之前一样"插秧式"地坐在教室听课，以讲授法为主的教学方法被信息技术支持下的主题式学习、体验式教学和研讨式教学等方式所代替。由于人与机器相比有很大的优越性，且毫无感情共鸣的人机交流对学生价值观念形成的促进作用甚微。因此，大多数研究者认为教师这一职业不会被取代，但是传统型教师应该向现代型教师转型。

教师的角色将发生深刻转变，大数据将更加精准地指导学生的知识学习和发展，人工智能取代传统的重复、简单、机械的教学劳动，家庭智能教师普遍存在，将成学生学习零距离的陪伴者。②教学中的重复性、标准化工作会被机器取代。教师从知识的权威者转向教育教学活动专业的设计者、组织者，成为有知识、懂技术、会育人的高素质复合型人才。高等教育培养对接行业，因此高等教育不能坐以待毙，等待未来行业发展的倒逼，而要主动加速转型，适应未来行业的发展。不断学习是教师面对挑战的唯一路径。教师需要的能力提升包括持续学习、科学指导、资源处理、主动适应等能力，使自身职能、素养与未来学校和学生的学习方式改变相匹配。立德树人，引导学生成为有大爱、大德、大情怀的人。注重培养批判性思维，艺体科融合育人。③

传统教育中，每个学生的学习进度、学习时间和学习内容要与其他同学保持绝对一致，但是信息技术时代更强调学生的个性。学生不仅可以不在教室学习，还可以在虚拟空间学习。以技术为依托，衍生出很多学习方法，如泛在学习、移动学习、游戏学习等，学生只需要根据自己的特征选择合适的学习方法即可，大大提升了学生学习的自主性，同时又对学生的主体性提高了要求，未来学生的提出问题能力、创新思维能力和规划未来能力应着重加强。④

学校所受影响主要表现在对教育体制的冲击。如果现在培养的人才不能满足社会对人才的需求，那么一切将毫无意义，所以必须要调整现在的培养目标和课程内容。学校的评价维度必须多元化，不能只看学生的分数，评价的目的不在于甄别和选拔，而是为学生更好地发展提供诊断和咨询。学校要有高目标定位、高品质发展、高质量育人、高认同发展，回归核心素养，培育学生使之具备终身学习发展的能力，培养学生的社会责任感等综合素养，要获得发展中行业的认同。

未来学习注重个性化的知识，而不是众所周知的常识。要对实际生活有意义。未来学校的收费方式将由政府学习券和个人付费相结合的方式代替。未来学校的学习时间具有弹性化，没有寒暑假，学生可以根据身心发展特点和父母的工作特征来安排学习时间

---

① 王淑芳. 高位构建我们的未来教育 [J]. 教育家，2019（40）：64-65.
② 孙先亮. 未来已来，学校何在 [J]. 教育家，2019（40）：59-61.
③ 伏彩瑞，关新，朱华勇，等."人工智能与未来教育"笔谈（下）[J]. 华东师范大学学报（教育科学版），2017（5）：13-29.
④ 高燕. 新加坡"未来学校"的发展及启示 [J]. 外国教育研究，2013（1）：61-65.

和学习周期，也不存在留级概念，未来学制更加灵活多样。①

（三）未来学校对传统学校的超越

第一，虽然未来学校超越现存学校"边界"的概念，但是学校教育不会被取代；第二，虽然未来学校会跨越传统学科的领域，但是学科教学不可以被跨学科和交叉学科所取代；第三，虽然未来学校会改变现有的教学方式，但是课堂的教学氛围不仅不会被取消，而且会被改进；第四，虽然未来学校会改变现有的育人方式，但是不会改变"育人为本，立德树人"的教育理念。②

学生培养目标发生变化，强调核心素养与新时代人才需求；科学技术发展使未来教育向更优质、更专业、更公平方向变革。由于学生未来学习知识的方式更加多样化，以知识灌输为主要方式的教育会淡化，技能训练、科学方法获取、情感态度和价值观的形成会成为学校教育的重点。从"知识学习为主"转化为"能力训练和德育教育为主"。③

从学校管理层角度：领导力处于教育体系最顶层，负责将教育的系统理解内嵌于各级教育领导的角色和职责之中，推动学校的整体有效运转。一是重构治理机制组织形态，减少学校管理的行政层级，趋于扁平化、多元化管理，使师生的利益诉求反馈更加便捷有效；二是打破重构教育边界，实现学校、家庭、社会等多方协同合作的学习场景互融，从而加强教学与实践的结合。

从教师角度：如果我们仍然以昨天的方式教育今天的孩子，无疑就是掠夺了他们的明天。所以引导教师转变自身角色，未来教师的本质不再是传承知识，而是育人，是学生成长的引领者和促进者，是未来新技术与新知识之间的桥梁。

从课程角度：为改变学生心智模式而教、为创造而教，以问题为导向、以主题为中心的多学科综合教学将成为主流，为学生提供有针对性的定制化教学服务。有利于建设大量的社团以及自发组织的学习共同体。

从学生角度：不要以我们的所知限制学生的未知，基于现有认识和教育体系各个方面的改进，学生的学习方式则变得更加灵活多元，利用现有科学技术的辅助，依托于实践经验支撑，加强自身认知，回归教育的本真。

未来学生创新能力的培养将来自学校与企业的结合、学校与社会的结合、中学与大学的结合。学生更多的成长与发展将来自学校能给学生找寻到的资源与课程。④

---

① 朱永新，徐子望，鲁白，等."人工智能与未来教育"笔谈（上）[J].华东师范大学学报（教育科学版），2017（4）：15-30.
② 顾明远.互联网时代的未来教育[J].清华大学教育研究，2017（6）：1-3.
③ 李笑非.创造最适宜学生的"未来"教育——基于核心素养与学习能力的未来学校建设探索[J].教育科学论坛，2016（14）：27-31.
④ 张洁.未来学校教学方式变革的本质问题[J].教育家，2019（44）：60-61.

二、未来学校的内涵与特征研究

（一）未来学校的内涵

对于未来学校的内涵，存在多种不同观点。未来学校是理想化阐释教育的哲学思想教育过程，包括时间、空间和问题等三者在具体建设、技术和实践方面的特殊安排；未来学校是对教育先导性（教育是为未来生活做准备）这一核心价值的回归；未来学校是一个以学习为纽带的、开放的学习共同体；①未来学校是允许个体自主选择课程和教育方式且具有极大个性化的学校；从供给侧视角把未来学校定义为：未来学校是学校这一组织系统在原有基础上向前迈出的新的一步，表现出不同于以往的新形态，其目的是培养学生能适应变化迅速的世界的素养和能力；未来学校是在技术支持下开展关注学生生命内涵丰富的综合性活动且没有边界限制的交往场所，学习方式上强调个性，学习评价上注重描绘；《中国未来学校白皮书》则指出，未来学校将突破一切限制，全力满足人们的个性化要求，旨在提高全民素养以应对未来社会更加严峻的挑战；未来学校是"混龄跨界"的学习者与"智能机器人教师""独立教师"的并存；未来学校在网络技术平台为每个学生建立一份终身学习档案，构建"学分银行"系统，利用信息化手段扩大优质教育资源共享的有效机制，促进教育公平。②

（二）未来学校的特征

目前的研究成果主要从未来学校的培养目标、学生的学习方式、教学结构、师生关系和课堂形态等方面分析了未来学校的特征。

未来学校有诸多特征。

学习空间：经济灵动且廉价，比如空间的多功能，移动隔板；并且，学习空间也开放灵动，比如打破线型设计，随时切换桌椅摆放形式，除集体授课外，也满足运动表演、讨论展示等活动。

课程内容：适应学生个性发展，配合技术要求，符合时代要求，跨学科，跨场域。

个性化的学习方式：学习时间弹性化，学习空间多样化，学习形式多样化。

智慧型管理方式：数据化（数据信息分析），云端（伦理问题要求规范技术设备使用，增强数据安全意识），扁平化（精简管理层，使信息传播畅通无阻），协同性（学校、家庭、社会联动、管理民主性）。③

未来学校的学习方式是个性化的泛在学习。泛在学习是指人通过一定的技术手段或

---

① 朱永新.未来学校将变成什么样？[J].民办高等教育研究，2018（4）：113-116.
② 马丽英，田友谊.改革开放40年我国未来学校研究的回顾、反思与展望——基于文献计量法和内容分析法的分析[J].江苏教育研究，2019，No.415，No.416（Z4）：76-82.DOI:10.13696/j.cnki.jer1673-9094.2019.z4.019.
③ 马丽英.未来学校：兴起、探索及建构路径[D].华中师范大学，2020.DOI:10.27159/d.cnki.ghzsu.2020.000586.

第二章　未来学校的发展研究与实践经验

者某些平台，实现"时时学、处处学、想怎样学就怎样学"的理想的学习方式。① 未来学校中的泛在学习方式也是建构个体终身学习体系和学习型社会的手段之一；倡导游戏化学习、研讨型学习和体验式学习等方式。②

未来学校的教学结构将由注重"教"向注重"学"转变，取消原来的单独课程分科。跨越学科之间的界限，围绕学生的真实生活建构课程体系，形成个性化的学习支持体系，为每个学生提供私人定制的教育。③ 未来技术支持下的教学不再基于教师的个人经验，而是丰富的客观数据。未来学校的课堂形态走向更开放的学习共同体。④

未来学校课堂形态是高度智能化学习生态环境，学校办公、教学、研究、资源、保障等数字化水平更高，创新学校、智慧课堂将为学生提供更丰富的课程选择，更便捷的学习反馈，更合理的管理服务。以互联网、便携式计算机、智能手机、声像视频等多媒体工具为代表的信息技术打破了定时定点的传统学习环境，学生不进入学校就可以运用多种方式进行各式各样的学习。未来学校的管理和服务方式的智能高效会体现在：穿戴设备可以采集教室里每个个体一切行为，包括面部表情、情绪特征、精神状态等，实时生成反馈信息，成为教师考评、学生学业发展的有力参考。⑤

未来学校的师生关系是具有时代特色的新型师生关系，具有以下几个特征：以培养学生的核心素养为基石，目的在于促进学生全面发展；以引导创新为手段，教师作为教学活动的引导者，把服务学生放在工作的第一位，尽力满足学生个性化的学习需求；以平等对话为前提，未来的学生面对随时可获取的开放教育资源，对教师的依赖程度发生了根本性转变，师生二者成为互相学习的共同体，在学习过程中是平等对话、协同发展的关系。⑥

未来学校的课程理念要具备量身定制的教学计划、灵活多样的课程结构。分学科类课程与非学科类课程；显性与隐性课程；标准课程与长短课程；知识传授类与活动时间类；等等。通过拓展探究形式课程，贴近现实生活。智慧教育、理念、课程、器材、环境应该是并行发展的。⑦

未来学校的数字化模式应该是把整个学校的人员在线化，确保人和人之间可以快速找到对方，实现扁平、公开、透明的工作环境，实现组织在线、人员在线，即可实现沟通在线，让工作和生活分离，让工作的时候更专注，让生活的时候更自由。学习时间和

---

① 蒋红.促进人人、时时、处处的泛在学习——上海开放大学服务学习型城市建设的实践探索[J].开放教育研究，2014，20（4）：24-30.DOI:10.13966/j.cnki.kfjyyj.2014.04.013.
② 联合国教科文组织国际教育发展委员会.学会生存——教育世界的今天和明天[M].华东师范大学比较教育研究所，译.北京：教育科学出版社，1996.
③ 王军.项目研究引领"未来学校"建设[J].中小学信息技术教育，2017（5）：12-15.
④ 张禹，曹培杰，吕丹.海淀区未来学校建设的实践路径研究[J].中小学信息技术教育，2019（1）：33-35.
⑤ 周宝，杨现民.人工智能与未来学校变革[J].中小学信息技术教育，2017（7）：12-14.
⑥ 徐晶晶，张虹."互联网＋教育"视域下的新型师生关系：内涵、嬗变及形成机制[J].教育理论与实践，2019（35）：29-31.
⑦ 杨洁，于泽元.未来课程以何形态存在[J].教学与管理，2019（19）：1-3.

空间更加灵活自由，传统学校管理模式和课堂学习方式将会被打破，学校与社会、生活的边界不再明显。①

未来的学校存在多方面进化。

个性化进化："批量生产"的大规模学校、大班级逐渐被小班化、走班制取代，鼓励学生特长发展，差异化学习真正落实，为不同层次学生提供切合实际的"私人订制"学习——将成为学校的重要任务。②小班教学、小规模化，才能实施个性化的学习。

功能进化：教书的功能趋于弱化，而育人的功能不断强化，未来社会常规工作将由机器人替代，创造性工作需要由高度感性的"人"来完成。知识传输的功能趋于同化，而育人的水准则因为师资差异不断分化。

课程进化：教师要为未来而教，为价值而教，为智慧而教。

组织进化：即从班级集体授课走向个性定制。

流程进化：让课程、技术、空间深度融合。班级授课的形式可能大大减弱，学校从"象牙塔"转变为学生通向社会、未来生活的"桥梁"。

学校要立足当前对学校未来发展趋势的展望，在培养目标、教学、课堂、教师、师生关系等要素方面适应未来时代发展。③

三、未来学校的构建策略研究

（一）未来学校的构建原则

未来学校的构建要明确的原则是，不是推倒重来，而是在"变"和"不变"中重构，整合学校系统各要素。有研究总结，未来学校会呈现以下五大构建思路。

一是无边界。未来社会即未来学校，未来学校无边界。"互联网+"可以为每一个学习者，提供云网端一体化的智慧学习基础设施，使学习趋向随时随地。线上线下相结合的混合学习将打破学校组织边界、模糊学科边界。学校的组织结构将趋于扁平化，也将从制度治理层面向文化治理层面发展。

二是自组织。在未来，社区、网络、家庭、交通等都是构成学校互联的教育节点，学生可自主选择合适的课程内容与学习方法。倡导知识学习与社会实践、社区服务、实地考察等有机结合起来，学生的学习不仅仅发生在教室，还可以发生在一切含有知识元素的场所。因为未来学校是开放的，整个社会都成为教育平台，整个世界都是可供学习的课程资源，那么学生学习的场所不应局限在课堂，可随时随地利用手中的数据终端连接社会资源开展学习。

三是个性化。学习的效率大大提高，在达到统一要求的前提下，个性化学习成为常态；学生在学校全面发展、认识自我、融入社会、探索未知领域的场所。未来的学习方式强调学生自身的自主性，教师不再是知识来源中心，学生不能再把教师当作学习内容

---

① 李育. 在未来学校 教育与技术将会实现深度结合 [J]. 留学, 2019（10）: 58-59.
② 王波, 刘昕. 疫情"大考"对未来教育的启示 [J]. 陕西教育（综合版）, 2020（4）: 18-20.
③ 崔跃华. "未来学校"研究综述 [J]. 教育科学论坛, 2017（14）: 16-19.

的来源，自己应该主动利用各种方式主动获取知识。

四是协同性。未来学校会注重发展学生信息素养，学生的学习评价将不会是现在的最终成绩审核评定形式，而是由多方面丰富数据形成综合评价，包含多次团队协作取得的成绩。

五是融合性。跨界融合是互联网思维的重要特征。自主化、探究性、实践性、融合性的项目式学习、研究性学习将会成为主流，教师成为学生学习的组织者、合作者，对学生终身学习、自主管理能力要求更高。重塑学习方式，倡导以技术为依托的泛在学习，利用 AR 和 VR 等为技术手段。[①]

（二）未来学校的设计方案

2006 年美国费城建设了世界上第一所直接以"未来学校"命名的学校，这是未来学校的开端。此后，全球各地纷纷开始进行对未来学校的实践探索，可以说美国费城未来学校的建设为世界开启了未来学校之门。[②]作为未来学校的"鼻祖"，且效果显著，所以美国费城的这所"未来学校"值得我们研究。[③]

未来学习的边界拓展，从象牙之塔到学习社区，学校不再是学习的中心，未来学校生活呈现"去中心化"趋势。未来教育的设计要开启的是各种资源的有效组合，包括从需求出发重新定义教育空间的功能，打破固有的班级样态，对学习场景、学习内容进行不同方式的组合。未来教室里，教育实践的转型将是每一天学习的常态，项目化学习会成为学习的通用法则。

未来学校与社会关系正在"去边界化"。未来学校将是一个开放的空间，与社区充分地融为一体，学校里的大多数公共设施如体育场地、图书馆、科技馆等都是与社区共享的，同时更多的社会空间也能与学校共享。

"去机械化"的自主性学习。无边界的未来教育会不断滋养学生成长，促进学生自我系统与社会系统的连接，激荡共生。以"整体—个体—社群"的社区形态为支点，构建价值观念、目标指向素养发展并相互关联的集合体概念，最终形成符合规律的育人范式。

未来学校从统一批量到个性定制，未来学习的供给逐步走向适应每个学生的"精准教育"。未来学习空间的构造可以更好满足学生不同的学习需求，挖掘每一个学生的优势潜能，以学习时空为突破，建立未来学习空间，融入信息技术、融合多元化课程资源、保障多样性学习方式、半闭合半开放的学习环境。从教学环境重构、教学流程再造的角度，撬动学与教方式的深度变革，展开促进学生高阶思维培育的实践研究，提炼在优势空间、选优势时间、用优势方式、学优势内容、重优势评价的"优势学习理论"，探索聚焦高阶思维培育的学生优势学习与发展之路。

---

① 余胜泉，王阿习."互联网＋教育"的变革路径［J］.中国电化教育，2016（10）：1-9.

② 冯大鸣. 21 世纪先锋学校的创新及预示——对美国费城"未来学校"的考察与评析［J］. 全球教育展望，2007（6）.

③ 崔璐. 未来学校的概念、特征与实践［J］. 教学与管理，2019（17）：16-19.

新型的教学模式要求新型的学习空间与之匹配，并模拟真实的事件与社会，以此满足和促进学生动手操作、交流互动的需要，使学生在获取知识的同时，体验、感受知识产生的过程。随着学习空间和时空的突破，特别是教学流程的再造，我们给予学生进行深度学习和思维挑战的机会，学校重新设计学习流程，围绕真实场景中核心问题展开深度思考、深度学习、深度研究，发展高阶思维，从而形成围绕真实场景问题进行深度学习的思维。

未来学校的可能路径与顶层设计。第一，运用互联网的思维对未来学校进行顶层设计，打破封闭的办学体系，打破传统的教学结构，如一人一张课表、社团课程专属定制等。①第二，科学赋能为未来学校搭建框架，实现精准学习、自主学习、个性化学习，新兴科学技术赋予教育职能，技术重新构造教育新流程。第三，多主体协同建设未来学校，学生实现个性化学习；②教师成为真正的"灵魂工程师"；各领域专家共同参与。未来学校应用互联网思维进行顶层设计，系统考虑学校的整体发展规划，然后在科技赋能和多方主体的共同参与下进行建构。③

学校平台化。随着互联网技术广泛地嵌入学生的学习生活，学习的去中心化、去统一化将会成为一种常态，并且改变了现有的学校功能和价值。在哪儿学习、什么时间学习、以什么方式学习什么学科，都极具私人性。学校不再是学生主要的学习空间，社区学习中心、家庭都可以成为学生的学习场所。知识学习将为每个人的生活奠定基础，但是每个人的发展将依据兴趣而定，在开放的平台上寻找到适合自己的空间和资源。这意味着学校将演变成为学生发展资源平台。学校教育内涵将从知识学习转向素质与能力的发展，从作业与分数评价转向实践与探究体验。教师从教学与教研活动转向创新与咨询活动，从教学和学习辅导转向学生整体发展方案指导。学校要真正成为学生发展的资源平台：提供学生整体发展方案设计的规划和指导；提供符合学生自身发展潜质与个性的指导；提供国家课程之外可供选择的、丰富的学术课程资源；根据学生的兴趣和个性发展需要提供学生发展的社团资源。④

（三）未来学校的文化管理

文化是我国未来发展的核心驱动力，在学校管理领域，会出现从物本主义的"硬"管理向人本主义的"软"管理的根本转变。

未来学校的文化管理以具有特殊价值指向的"教育性关系"为调整对象，通过充分开发利用学校各种组织文化资源，凸显其教育功能。具体来说，一要尊崇共性文化资源，融入时代使命，重点加强行为文化建设，真正形成学校文化；二要尊崇个性文化资源，尊重教育规律，重点加强特色文化建设，实现师生自主管理；三要尊崇理念文化资

---

① 曹培杰.未来学校的变革路径——"互联网＋教育"的定位与持续发展［J］.教育研究，2016（10）：46-51.

② 顾明远.互联网时代的未来教育［J］.清华大学教育研究，2017（6）：1-3.

③ 伏彩瑞，关新，朱华勇，汤敏，等.人工智能与未来教育笔谈（下）［J］.华东师范大学学报（教育科学版），2017（5）：13-29.

④ 孙先亮.未来已来，学校何在［J］.教育家，2019（40）：59-61.

源，在办学过程中形成教育家办学，共筑发展愿景；四要尊崇制度文化资源，在管理过程中完善符号系统，承载教育意义。

随着未来科技逐渐承担起那些"人类不必要的劳动"，未来学校要适应未来人才培养目标的协作、感恩、创造力、想象力、忍耐力、反省能力等素质，未来学校的管理也就首要是一种文化管理，以人为中心、以塑造共同价值观为手段的管理模式。①

未来学校中人与人之间的关系将是建立在"尊重"这一基础之上的，未来学校的管理关系也将被超越，并且会形成一种具有特殊价值指向的"教育性关系"。未来教育者与学习者之间这种特殊关系既非一种不平等的关系，也非一种平等的关系，而是一种有着内在关联的价值关系，教育者工作的意义将在引导学习者的健康成长中体现出来。②

未来学校在文化管理上，会尊崇理念、文化、资源的最重要也是最终结果，那就是教育家办学。未来会走进教育家主导的时代，教育家是教育人才专业发展的最高阶段。教育家并不专指一小部分人，而是指那些有教育理想、理念、方法、情怀的教育者，以及在办学过程中逐渐成长起来的、以尊重教育规律为核心价值观的、有大胆创新教育的魄力的、能"产出"富有特色教育素质学生的教师群体。若未来学校能够实现师生的自主管理，那么未来的"教育家"或许会发展成为"人人都是教育家"的局面，也或许会发展成为一个已经脱离生命体意义上的，拥有集体的、共同价值取向的"虚拟文化人"。③

未来学校管理要改变现行的以传授知识与技能为主要目的的知识密集型标准化教育，催生基于大数据的个性化精准教育。关注价值和意义的人性教育不会被技术所取代，未来学校不应该只体现在豪华设施或严密精准监控上，更应体现在对待应试教育的态度上，从应试教育中突围。这需要改革办学体制，给予社会更多办学空间，激活公立学校创新。

四、未来教育的发展形态与趋势研究

未来教育显现未来的趋势和特征。教育的全球化（数字信息为载体，全球教育互联互通）、教育的自主性（大数据和网络平台，学生学习和发展根据自己的兴趣、习惯和思维方式来开展）、教育的互动性（网络空间、群、师生、校家都可以无时无处地交互）、教育的定制性（每个学生隐性的内在差异）。教育理念、教育方式、教育文化都具有新的时代特点，可预见未来的发展方向。

朱永新教授在《未来学校》一书中归纳了未来教育的特征：①学校将会成为学习共同体而非一个个孤立的学校，开学和毕业没有固定的时间，学习的时间弹性化；②教师的来源和角色多样化；③政府买单和学习者付费将并存；④学习机构一体化，学校主体机构与网络教育彻底打通网络学习，更加注重游戏在学习中发挥更加重要的

---

① 王冬梅. 新加坡"未来学校"的实践探索及其对我国的启示［J］. 外国教育研究，2012（4）：38-45.

② 卓平. 教研员在教师专业发展中的作用［J］. 人民教育，2003（19）：34-35.

③ 赵亮. 文化管理：未来学校管理的核心［J］. 当代教育科学，2019（1）：25-29，58.

作用；⑤学习内容个性化、定制化；⑥学习中心小规模化；⑦文凭的重要性被课程证书取代；⑧考试评价从鉴别走向诊断；⑨家校合作共育；⑩课程指向生命与真善美；⑪幸福完整的教育生活；⑫未来教育促进未来的教师的职能发生转变（教育方法的转变）；⑬研究未来教育的发展方向；⑭教师要从教育的变革方向，进一步掌握智慧校园下的数字化资源、环境与学习者、学习内容与学习方式；⑮研究AI（人工智能）在课堂应用（教育模式、教学方式、教学内容、评价方式）的变革，只有掌握前沿的发展和掌握教学的动态发展方向，才能为学生提供更多的知识。①

个性化的教育在未来尤其重要，个性化的培养服务已经成为趋势，研究学生年龄特点、需要、情感世界，从而为学生开展个性化、定制化和主动学习提供服务。深度掌握教育教学、心理学知识，利用各类的多媒体信息技术手段掌握学生的心理发展趋势，为不同的学生制订学习计划、学习进度安排，从而让学生主动建构知识体系，积极接受知识，让教育者的语言不仅仅是知识，更是赞赏、期待，利用个性化的定制服务培养具有高情商和更强竞争力的孩子。

只重视知识传授的教学迟早会被互联网取代，将来学生获取知识主要是通过互联网，但是学生的学习能力、学习毅力、学习方式等需要教师的引导帮助，教师践行终身学习的同时，一定要适应未来教育的发展，才能不被新时代抛弃。提升跨学科理念的教育方式（STEAM）区别传统单一学科、重视书本知识的教育方式，形成知识整体观念，整合把握不同学科知识之间的内在关联，从学科相联系、相交叉、相渗透中提出研究具体问题。②

利用人工智能和大数据的优势，通过科学的测评深入了解学生在学习过程中的潜能特征和最佳学习方式，在精准定位学生的个性化学习需求和准确判断学生对当前所学内容的掌握程度之后，对学生进行不同程度学习内容的推送。针对学生对学习形式的偏好问题，可以选择适合学生又符合实际上课需求的媒体呈现形式。

五、未来学校必须坚持以人为本的教育观

传统学校不是学校本来的样子，而是把人集中起来用机械化生产的方式，用统一的大纲、统一的部署来培养"模具"型人的大工业时代的产物。传统学校遵照"统一、标准、流程化"规则把具有个性的人慢慢消磨成"模子里的人"，此过程不仅使学生感到痛苦，甚至恐惧学校。高校"内卷"问题频发，经常有学生因考试成绩不理想、保研失败、论文选题不顺利等问题而选择采取一些极端行为。学校的初衷不是威逼，而是为了让生命之花开得更加绚烂。我们要认识到我国目前实行应试教育的事实，注重考试、分数、升学率——学习就是刷题。这严重违背教育规律，阻碍了现代教育基本价值的发挥。教育理念、培养目标、价值观需要整体更新，从国家功利主义目标转化为以人为本、以学生为中心、培养合格公民、实行生活教育；从学科中心、知识本位转化为能力

---

① 朱永新. 未来学校：重新定义教育［M］. 北京：中信出版社，2019.
② 苟渊. 未来教师的角色与素养［J］. 人民教育，2019（12）：36-40.

本位；教导学生学会学习、学会生存。未来学校的变化不是彻底颠覆的变化，而是渐进调整的进化过程，即螺旋式上升。

未来教育将发生"质"变，不仅是提高了分数、质量，而是改变了教育的功利性，回归到教育的本真、本质，让不同的孩子学习不同的数学，不再为奥数所困、为升学所困，让因材施教成就每个孩子的发展；让阅读成为习惯，成就未来公民的人生素养。把培养学生思维品质作为教学的目标；把培养学生养成良好习惯、学会生存作为育人目标。

以人为本，以人的生命健康成长和生活幸福为基点，把孩子培养成有情怀、敢担当、能创造、善合作、人格健全和全面发展的未来社会公民，而不只是学习机器、工作机器抑或所谓的"社会精英"。学习力、思考力、创造力是未来学生必备的核心素养。[1] 从这个意义上看，未来学校的人性化体现在不以知识为本位，更加关注人的潜能发展、身心健康和品格形成，让学生"过一种幸福完整的教育生活"。[2]

未来学校会使每个人快乐自主地学习，享受教育的生活；会使每个人挖掘自己的天赋与潜能，成为最好的自己，未来学校的目标就是使人"过一种幸福完整的教育生活"。如果学生对学校畏惧，想逃避学校，那肯定不是好学校，更谈不上未来学校；学校不是教材，不是课堂，而是点亮人生的地方。作为人性的实体和存在的个体，总是趋向美好的事物。不论是对学生来说，还是对家长或整个教育系统而言，"过一种幸福完整的教育生活"是一种共同追求。[3]

未来教育的核心价值应该是立德树人，需要从单向度的人走向多向度的体，整体发展、立体发展、合体发展是人发展的逻辑向度，是未来教育的出发点与落脚点。

六、我国开展未来教育的规划和行动

在中国面向"教育2035"行动路径中，将大力推进教育大数据研究机构的建设，政府和非政府行动者相结合的混合供给模式或为未来教育最优供给模式。

第一，我国智能融合趋势下谋划未来新学校形态：重点关注学校的校园布局、空间结构、组织方式和运行方式。2016年，中国教育科学研究院未来学校实验室发布《中国未来学校白皮书》，立足中国国情和中国文化，对中国的未来学校发展作出了总体规划和设想，发出了研究和建造未来学校的倡议，致力于从技术支持层面建立以学习者为中心的学校生态环境，把促成学习者的学习发生和提高学习者的学习成就作为未来学校设计的出发点和落脚点。未来学校不是贵族学校，承担的首要责任是对公共社会的责任，要促进社会阶层的流动、和谐与共同发展。[4]

第二，赋权型教育背景下呼唤学习者的主动权。学习者是学习行为发生的主体和学习成果的主要责任承担者，如果学习者没有自主选择教育的机会和自由接受教育的空

---

[1] 许永华. 构建未来学校的管理模式[J]. 中国民族教育，2009（1）：79-80.
[2] 王波，刘昕. 疫情"大考"对未来教育的启示[J]. 陕西教育（综合版），2020（4）：18-20.
[3] 马丽英. 未来学校：兴起、探索及建构路径[D]. 华中师范大学，2020.
[4] 郭晓琳，许芳杰. 迈向2035的教育：国际智慧与中国行动[J]. 现代教育管理，2019（5）：6-11.

间，教育则不能逼近教以成人、立德树人的教育本质的。在智能技术已经使"学生可以根据自己的学习特点和愿望，按照自己的学习方法，主动地选择学习内容、学习时间和学习进度，自主参与学习，自主实施学习"的背景下，从政策上保障学生的教育选择权成为未来教育变革的必然方向。此前，上海、浙江的高考政策改革已拉开赋权型序幕，2020新高考政策全面落地，这是赋权高中学生，让他们拥有参与学习路径选择和构建个性化学习的机会，真正享有学习者的主动权。选择是以学科为中心的，这样可以让学生个人提高对学科知识的兴趣。①

未来教育改革瓶颈在于，在教育发展改革过程中，由于地区经济差异、教学资源不均、教学改革进程快慢不一以及教师参与积极性差异等多种因素的影响，给当前"未来学校"创建工作带来了相应的瓶颈。其主要困难大致表现在：理念跟进迟缓、硬件平台搭建困难、新教学方法应用面较窄、评价激励措施不够完善等几个方面。而要化解这几个方面的瓶颈，则需要政府部门的继续投入，通过加强教师队伍的培训与提升、梳理评价指标、提出可行的评价实施方法等措施去进一步完善。

第三，针对未来学校的数字教育资源问题，如资金投入不够、区域分配不均、资源利用不充分。我国要求加大数字资源资金投入力度；协调区域数字化教育资源的均衡化分配；加大政府宏观调控力度；合理引进先进教育模式。

七、小结

未来教育破墙而出，学习无界限。在新的时代，"互联网＋教育"发展是大势所趋，在线教育是构建服务于全民终身学习教育体系的必然选择，也一定是推动教育变革的重要力量。线上教学对老师而言，重要的是教的行为对学的行为的促进，对学生来讲最具挑战的是缺乏自主学习的能力，学校和教师在未来教育中，要在培养学生自我导向学习能力、增强目标感、方向感上不断创新。②

根据对目前已有文献的综述——未来教育的原则包括人性化、定制化、自由化、多样化等。未来学校的特征包括无边界化、去中心化、资源共享、社区化等。针对未来学校的研究主要是信息技术对传统学校的影响研究、未来学校内涵与特征的研究、未来学校构建策略研究等方面。

从研究视角看：聚焦应用层面，集中于未来学校信息技术的应用，但是对未来学校的教育理论系统性研究相对较少。

从研究内容看：内容多为事实描述，陈述传统学校的弊端以及信息技术发展的可能性条件，但是问题意识不强，同时针对问题的解决方案与可行性建议较少。

从研究方法看：研究方法以文献研究和案例研究为主，比如美国等国家对未来教育的尝试和我国国情的相关性较小，我国未来学校的实证研究很少。虽然不确定性让教育多了很多挑战，但是与之相应的机遇却也随之而来。

---

① 李颖，王战英．以学习者为中心基础教育人才培养模式的研究［J］．现代教育管理，2018：129．
② 王波，刘昕．疫情"大考"对未来教育的启示［J］．陕西教育（综合版），2020（4）：18-20．

接下来，有待进一步研究的是，未来学校的学习发生机制，这包括未来学生应具备的素质，未来教室的状态，以及如何把握技术在未来教育中的应用程度。整齐划一、封闭性的教育系统并非制度化的必然结果，由此未来学校存在的必要性将遭遇质疑。未来学校与未来教育从封闭的群体性发展向个性化、自主化学习、资源共享、课程现代化、项目式课程的开放多元方向转变。这就需要思考学校的不可替代性体现在何处，未来学校如何突破现有学校相对稳定的框架和模式、处理与外部环境的关系。与此同时，未来学校组织的管理创新如何在研究中坚持工具理性和价值理性的统一。

一切的人都走向一切的未来，才能面对百年未有之大变局，在时代与科技发展的迫切需要中，超越过去基本教育范式，走向能适应和创造未来的学校和教育。教育变革，虽然不像社会革命那样，有强烈的人为干预的色彩，但是我们可以主动迎接、主动介入通往未来的教育趋势，让这个趋势向我们期待的方向发展。①

第二节　未来教育/学校的文献调研报告

随着社会的变革，尤其是信息技术的深度应用，教育领域也随之发生了翻天覆地的变化，未来教育、未来学校也成为教育学者研究关注的重点内容。通过文献调研及总结，本文将从未来教育/学校的产生背景、未来学校的概念及内涵、未来学校的核心要素、未来教育/学校的发展现状以及未来教育/学校的素养要求等多方面着手，尝试对近年来国内外有关未来教育/学校的研究进展进行一定的阐述和总结。

一、未来教育/学校的产生背景

许多学者认为，未来教育之所以被提出并能够得到认可，是因为信息时代使教育进入了全新的"教育4.0时代"。"教育1.0时代"是以学校的诞生为标志的，而"教育2.0时代"则是工业时代的产物，具有较为系统的课程和统一化、灌输性授课、考试评价等特点。"教育3.0时代"是指全球化时代的教育，而创新社会时代的教育被命名为"教育4.0时代"。世界经济论坛（World Economic Forum）于2020年1月发布了一份题为《未来学校：为第四次工业革命定义新的教育模式》②的报告，提出了"教育4.0"的全球框架。③顾娟认为，教育4.0是数字网络世界中满足工业4.0需求的教育，并且建立在数字能力教育、信息科学教育和媒体教育三大共同作用的支柱上，以培养高素质数字化人才。

---

① 窦桂梅.把一切的未来交给一切的人［J］.教育家，2019（36）：62-63.
② World Economic Forum.Schools of the Future: Defining New Models of Education for the Fourth Industrial Revolution［EB/OL］.（2020-01-14）［2021-04-27］.Schools of the Future: Defining New Models of Education for the Fourth Industrial Revolution | World Economic Forum（weforum.org）.
③ 王永固，许家奇，丁继红.教育4.0全球框架：未来学校教育与模式转变——世界经济论坛《未来学校：为第四次工业革命定义新的教育模式》之报告解读［J］.远程教育杂志，2020，38（3）：3-14.

可以知道，教育的培养目标、教学内容、学校形态等都是随着当时社会经济文化发展的情况而进行变化的。当前，人类社会已经全面进入信息时代，知识更新呈几何级数增长，信息技术的高速发展导致产业结构发生了剧烈变化，社会发展对多元化、复合型、创新型的人才需求愈加迫切，个体对教育的需求也更加多样复杂，引起了教育领域的巨大变革，在培养目标、教学内容、组织形式等方面都提出了应更符合时代发展特征的要求。

另外，信息技术的发展催生了"云课程""慕课""翻转课堂""移动学习""泛在学习"等新的教育形态的诞生，允许个性化、体验式、合作式等新的教学组织方法真正应用于实践教学之中，使未来教育发展具备了基本的硬件支持，未来学校的建设也成了可能。

除教育领域的变革外，社会环境的变化也进一步催生未来教育/学校的产生。近年来，多位学者使用"VUCA时代"这一概念来分析教育问题。VUCA最初是一个军事用语，后被管理领域借用，目前教育领域也开始使用，其用来描述人类已经步入一个以"易变性（volatile）、不确定性（uncertain）、复杂性（complex）和模糊性（ambiguous）"为特征的时代。在这样一个时代，基础教育需要让每个孩子从小就能掌握学习的通用法则，培养其具备较高的学习基础素养，引导他们能够通过各学科的学习不断掌握新事物、新技术、新能力，帮助他们获得有利于未来持续发展的、更强的问题解决能力、创新实践能力和社会适应能力。[①]

二、未来教育/学校的内涵

什么是未来教育？什么是未来学校？这是未来教育与未来学校的研究中需首要关注的话题，许多学者也都就此展开了讨论、进行了解答。

（一）未来教育的内涵

未来教育，顾名思义，是指面向未来、旨在培养未来人才而开展的教育活动。由于未来本身具有不确定性，且未来在时间概念上没有明确的时间节点，不同学者对"未来"和相应的"未来教育"都有不同的定义。例如，有学者主要着眼于未来的信息技术发展，认为未来教育是贯穿人一生的个性教育，是融合数据信息技术联动智慧化发展的教育。[②]也有学者提出，未来教育之未来，是从现在开始向前延伸的线段，未来教育是在深度分析始于今天之后的教育。[③]中国未来研究会教育分会理事长薛焕玉曾撰文指出，未来教育理论认为，未来社会的教育在时间上将贯穿人的一生，在空间上将是全社会教育。未来教育是在现代教育和其他社会现象的基础上发展起来的，整个教育的未来取决于整个社会的未来。

---

① 贾炜. 教育如何应对VUCA时代的挑战[J]. 上海教育科研, 2019（1）: 1.
② 张清宇. 中学教师未来教育素养研究[D]. 开封: 河南大学, 2019.
③ 徐梦影, 陈兴中, 向晏平. 未来教育的本质、目的、任务与发展趋势[J]. 教育科学论坛, 2020（34）: 5-15.

值得一提的是，2015年，联合国通过了"2030年可持续发展议程"，规划了人类十五年可持续发展的总目标。该议程包括可持续的教育的发展目标："确保包容性和公平的优质教育，促进全民享有终身学习机会"，着重强调了教育公平和终身教育。在此基础上，通过联合国教科文组织发表了《教育2030行动框架》，进一步对未来教育发展制订了行动计划，勾勒了2030全球教育的未来蓝图。① 之后，各国也以此为根据，制定了适合本国的未来教育政策，我国也相应地提出了"中国教育现代化2035"。国内外许多学者也就"教育2030""教育2035"展开了研究。有学者提出，2030年我国应实现"中国高等教育现代化"，并提出了具体的实施方案。② 也有学者围绕我国职业教育的发展，提出了2030年我国从职教大国迈向职教强国的要求。③

对于未来教育的内涵，既有学者从长远角度进行总体性的概括，也有学者针对未来某一阶段以内的教育发展进行了研究；而研究者多从信息技术的发展、教育公平的实现、终身教育的实践等角度进行阐述。

（二）未来学校的内涵

在对"未来学校"的概念进行辨析时，学者往往会从未来教育入手，认为未来学校是实践和践行未来教育的活动场所，因此与传统学校相比具有更明显的未来特征。有学者认为，未来学校是一个新阶段、新层次和新样态，科技的迅速发展不仅加速了未来学校变革的节奏和步伐，更为学校的结构、流程及功能再造提供了可能。④ 也有学者认为，未来学校将会打破学校围墙，是进行多方融合的交往场所，未来学校应开展关注个体成长、跨界整合的综合活动，实施私人定制、线上线下的无缝学习，评价上注重描绘成长轨迹，给出发展路线的数据实证等。⑤

2016年，中国教育科学研究院发表了《中国未来学校白皮书》⑥。其中写道，未来学校将突破时间、空间、内容、师资等限制，满足人们不同需要，更好地提升全民素养，以应对未来更加复杂的社会挑战。《中国未来学校白皮书》从这一观点出发，总结了未来学校的培养目标及其在学习空间、学习方式、课程体系和学校组织上的特征，并提出了共同开展未来学校探索的倡议。国内外也有众多学校和研究机构进行了实践探索，进一步扩充了未来学校的内涵。

就此，有学者提出未来学校具有三个特征和六个进化。三个特征分别指通过新形态

---

① 周洪宇，徐莉. 联合国教科文组织教育2030框架对中国教育现代化2030的启示［J］. 河北师范大学学报（教育科学版），2017，19（5）：5-13.
② 史静寰. 走向2030：中国高等教育现代化建设之路［J］. 教育文化论坛，2017（5）：1-14.
③ 中国职业技术教育学会课题组，于志晶，刘海. 从职教大国迈向职教强国——中国职业教育2030研究报告［J］. 职业技术教育，2016，37（6）：10-30.
④ 吕文清. 未来学校内涵、本质及其发展导向思考（上）［J］. 教育与装备研究，2016，32（8）：7-12.
⑤ 李蓓，夏英. 建未来学校迎学校未来——成都市实验小学"未来学校"建设思考与实践［J］. 教育科学论坛，2016（13）：65-67.
⑥ 王素，曹培杰，康建朝，等. 中国未来学校白皮书［R］. 北京：中国教育科学研究院未来学校实验室，2016.

育人场域表现，以培养未来人才为核心，人工智能技术与学校教育深度融合。[①] 六个进化分别指功能进化、课程进化、组织进化、流程进化、目标进化和文化进化。功能进化即未来学校重在培养"真正的人"；课程进化指配置最有价值和持久发酵的营养；组织进化指的是从班级集体听讲走向个性定制；流程进化指让课程、技术、空间发生化学反应；目标进化则是指让每个学生实现塑造超越；而文化进化则是指未来学校是"深生态"的。[②]

三、未来教育/学校的核心要素

如前节所述，未来教育与未来学校具有十分深刻的内涵，并且得到了许多学者的不同解读。由此可知，未来教育的发展仍具有许多不确定性，未来学校的建设也是一项十分复杂的系统工程。

针对未来教育的发展，研究主要围绕教育信息化、智能化、公平化和终身化等提出了要求。而要实现上述要求，则要求受教育者（学生）、教育者（一般指教师，也包括家长）、组织者（一般指校长）、决策者（政府相关部门）能够相互配合、有效合作，明确统一目标并形成长期的协同效果。因此，有学者提出人机环境融合的学校结构性系统。人机环境融合的本质即人、人工智能以及环境之间的共存，主要指向人与人工智能以及环境之间的高度融合，不仅关乎人工智能对于人类机体能力、认知能力的提升，也关乎人类对于人工智能感知、情绪认知等能力的提升，是一种人与人工智能、环境的融合共生状态。其主要指向未来学校中教师、学习者、人工智能以及学习内容之间的多维交互及其变化状态所叠加衍生出的智慧生成形式；教师、学习者、人工智能以及学习内容之间在未来学校中是一种共存的状态（图2-1）。[③]

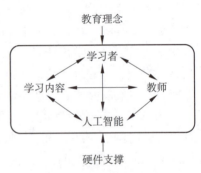

图 2-1　未来学校的核心要素

上述系统关注学校层面，但对于四位一体的达成还需要共同理念的引领。学校建设，理念要先行。有学者将未来学校的办学理念分为核心理念、管理理念、特色理念、课程理念、校园文化、教学理念、媒介理念、师生素养、数字化智能理念九个部分。核心理念所表达的，是"办一所什么样的学校"，而办学理念中的其他要素所表达的，则是"怎样办一所那样的学校"。[④] 除此之外，未来学校应加大教学硬件的资金投入比例，

---

① 王素，曹培杰，康建朝，等. 中国未来学校白皮书［R］. 北京：中国教育科学研究院未来学校实验室，2016.
② 吕文清. "未来学校"重在六个进化［J］. 基础教育课程，2016（13）：1.
③ 罗生全，王素月. 未来学校的内涵、表现形态及其建设机制［J］. 中国电化教育，2020（1）：40-45+55.
④ 张欣. 未来学校核心理念的总体取向［J］. 河南教育（基教版），2017（Z1）：20.

进一步完善教学硬件设施建设,[①] 以更好地支撑教育理念的落地和教育过程的有效。

本文之后的部分将简要叙述未来教育的发展现状,并叙述未来教育及未来学校关于学生、教师、校长素养的要求,即未来教育旨在培养怎样的学生,以及如何实现这一培养目标。

四、未来教育/学校对素养的要求

总结目前的研究成果来看,国内外学者主要从未来教育的培养目标、未来学校的组织管理方式以及未来教学的内容方法等方面出发,分别对学生、校长(组织者)及老师等教学实际参与者的素养提出了不同的要求。

(一)对学生素养的要求:未来教育的培养目标

在"教育3.0时代",培养学生21世纪核心素养已经成为世界各国所面临的共同主题。经济合作与发展组织(Organization for Economic Co-operation and Development,OECD)教育政策特别顾问安德烈亚斯·施莱歇尔(Andreas Schleicher)在梳理各国基础教育创新政策后指出:21世纪所必须习得的素养,涵盖了知识、技能和个人品性,具体包括创造力、批判性思维、问题解决、创新、写作、数据搜集与沟通等方面的能力。在新形势下,各类组织、各国政府都重新审视人才培养目标,对21世纪的核心素养分别做了相应的表述。

欧洲议会和欧盟教育理事会通过的《终身学习关键能力——欧洲参照框架》指出,基础教育阶段要培养的学生能力包括母语交流能力、外语交流能力、数学能力及科学和技术基本能力、数字化能力、学会学习能力、社会和公民能力、首创精神和创业能力、文化意识和表达能力等八种能力。《美国国家教育技术计划》指出,21世纪人才应具备的能力素质包括批判性思维能力、复杂问题解决能力、写作能力和多媒体通信能力。2012年8月,美国国家科学院的报告将21世纪技能分为三大类:认知技能(如批判思考、分析推理等)、人际关系技能(如团队合作和沟通能力)与个人内在技能(即自我表达,包含自我觉察的反省能力及诚实耿直的品性等)[②]。新加坡教育部发布的《新加坡学生21世纪技能和目标框架》也包含了类似的内容。

在我国,教育部于2016年9月正式出台了《中国学生发展核心素养》,文章指出,中国学生发展核心素养,以科学性、时代性和民族性为基本原则,以培养全面发展的人为核心。学生发展核心素养分为文化基础、自主发展、社会参与三个方面。综合表现分为人文底蕴、科学精神、学会学习、健康生活、责任担当、实践创新六大素养,涵盖了理性思维、批判质疑、勇于探究、信息意识、国家认同、国际理解、问题解决等多方面内容[③]。

---

①② 刘刚,李佳,梁晗."互联网+"时代高校教学创新的思考与对策[J].中国高教研究,2017(2):93-98.

③ 北京师范大学出版社.21世纪学生发展核心素养研究(修订版)中国学生发展核心素养总框架——指向21世纪的育人目标体系[J].基础教育课程,2021(5):2.

(二)对教师素养的要求:教学方式与内容的创新

为了实现未来教育的培养目标,在未来学校中,教师主要需要根据教学方式和教学内容的改变对自身的教学行为进行调整。

1. 未来学习方式特征

学习方式变革是未来学校的关键。传统学习方式建立在班级授课制的基础之上,强调标准、同步、统一,难以照顾个性差异。《中国未来学校白皮书》中指出,未来学习方式的特征包括基于项目的主动学习,注重培育、引导和激发学生内心的学习需要;面向真实的深度学习,面向真实问题重组教学内容,采用主动的、探究式的、理解性的学习方式,培养学生应对复杂情境和解决真实问题的能力;基于证据的智慧学习,采用学习分析技术改进教学,帮助教师进行教学反思、改善课堂教学实践;突破校园的无边界学习等[①]。可以看出,未来学习方式更加灵活、有深度、信息化和个人化。

2. 未来课程体系特征

为了实现未来教育的培养目标要求,未来教育的课程内容体系也应随着时代的发展而有所改变和创新。有学者认为,未来课程要契合学生个体的需求、认知规律和社会对人才培养的需要,要与信息技术深度、高质量地融合,要实现不同学科课程与现实生活和实践的融合。也有学者指出,教育现代化的终极价值判断是人的发展,是人的解放和主体性的跃升。因此,未来教育应兼具专业取向、整合取向、学习取向与科技取向,同时保证学校原有的样貌,彰显学校课堂的本质[②]。

3. 未来教师素养要求

未来教育理论也对未来教师的素养提出了较高的要求,认为未来教师应是能够引领学生思想、教导学生行为且传授理念与智慧的教育工作者。在未来学校中,教师扮演的是"旁听者""观众""引导者",师生间是问题解决的"合作者",创新思维的培养成了课堂的核心。

针对未来教师素养,研究者们主要提出了以下要求:第一,未来教师首先应掌握使用信息技术手段进行创新教学的能力,并同时注重获得与信息化教学相匹配的意识和能力[③]。第二,教师应能在课堂建设及完善的过程中,从学生的兴趣爱好、特长培养和素质提升出发,帮助学生共同设计个性化的学习方案[④]。最重要的是,应注重培养教师的未来教育理念,包括基本思想、价值观、道德取向等方面,接受教育的新兴发展并将这种态度传播给学生们[⑤]。

---

① 王素,曹培杰,康建朝,等. 中国未来学校白皮书[R]. 北京:中国教育科学研究院未来学校实验室,2016.
② 张庆勋. 未来的学校,学校的未来[J]. 学校行政双月刊(中国台湾地区),2016(11):1-8.
③ 崔跃华."未来学校"研究综述[J]. 教育科学论坛,2017(14):16-19.
④ 李笑非. 创造最适宜学生的"未来"教育——基于核心素养与学习能力的未来学校建设探索[J]. 教育科学论坛,2016(14):27-31.
⑤ 张清宇. 中学教师未来教育素养研究[D]. 开封:河南大学,2019.

（三）对校长（管理者）素养的要求：学校组织管理的改革

未来学校不仅要实现培养方案内容的改革，学校组织形式也要相对应地进行改革，以满足更加个性化、信息化的教育教学的要求。优良、高效的管理模式能促进管理水平的全面提升，为教育教学以及管理工作带来便利，信息技术的发展也促进教育管理走向"智慧管理"模式，并对管理者素养提出了新的更高的要求[①]。

1. 未来学校组织管理特征

《中国未来学校白皮书》中，针对未来学校组织归纳出了四大基本特征：即虚拟化、网络化、智能化和扁平化。虚拟化是指通过虚拟的技术手段，跨越时空限制，为教学提供更加方便快捷的工具，使教学更有成效。网络化是指在管理上搭建一个即时性、个性化、互动式的管理平台，实现管理内容数字化，开拓学校的信息空间。智能化是指综合运用云计算、物联网、移动互联、大数据等新型信息技术，全面感知校园物理环境，为师生建立智能开放的教育教学环境和便利舒适的生活环境，实现以人为本的个性化创新服务。扁平化则是指学校对行政岗位进行重新设计，达到网络互联式传递和扩散消息的目标。

2. 未来校长素养要求

在未来，学校将会有充分的自由对学校空间、组织形式、课程体系进行自主研发和设计，结合本校教师和学生的实际情况，开展相适应的教学活动。因此，校长作为未来学校的第一负责人，对本校学生的发展具有极为关键的影响，也因此必须满足更加严格的要求。

首先，校长应具备充分认识并能够将面向未来的教育理念应用于教学实践之中的能力，或得到具有相应能力的"建筑设计团队"即专家队伍的支持，以满足真实的学校需求。其次，校长应做到以学生为中心、以学生需求为导向、以培养21世纪人才为目标进行学校的组织和管理工作，起到培养学生各方面能力素养、促进学生健康成长的作用。再次，校长应致力于组织和培养优秀的教师队伍，使其达到符合未来教师素养的要求，满足学生多样化的学习方式。最后，校长应完善教学监督和质量监测机制，确定有效的教学评价反馈体系，掌握学校的教学活动开展情况并能够适时进行调整。

五、未来教育/学校的发展现状

（一）着眼于未来的教育发展政策

时代变化引起教育变革，世界各国及联合国等国际组织纷纷出台了关于未来教育的政策及相应行动框架，以期为未来教育的落地提供指导意见和实施条件。

未来教育政策主要涵盖促进教育公平、提升教育质量、培养具有21世纪技能的人才、打造一流教师队伍、关注可持续发展教育等方面[②]。联合国教科文组织在2015年发表《仁川宣言》明确未来教育发展目标，并相应地提出了《教育2030行动框架》《未来

---

① 马丽英. 未来学校：兴起、探索及建构路径［D］. 武汉：华中师范大学，2020.
② 王素，曹培杰，康建朝，等. 中国未来学校白皮书［R］. 北京：中国教育科学研究院未来学校实验室，2016.

的教育与技能：教育 2030》《反思教育：向"全球共同利益"的理念转变？》等理论观点，丰富和完善了全球未来教育发展的理论。日本实施"教育振兴基本计划"，促进实现教育公平；印度提出"'十二五'教育规划"，致力于发展基础教育；法国颁布《重建共和国基础教育规划法》，提出"学校数字化"战略，均旨在为未来教育发展提供支持和保障。

2015 年 5 月，习近平在致联合国教科文组织首届国际教育信息化大会的贺信中强调：推动教育变革和创新，构建网络化、数字化、个性化、终身化的教育体系，建设"人人皆学、处处能学、时时可学"的学习型社会，培养大批创新人才，是人类共同面临的重大课题①。2019 年 2 月，中共中央、国务院印发了《中国教育现代化 2035》，对从现在起到 2035 年教育现代化建设进程作出了全面系统的规划。在此基础上，各地方也出台了相应的政策。总体而言，我国未来教育旨在加强信息技术的应用且关注学生，实现学校与外部世界建立联系，鼓励创造性思维的发展。

（二）世界各国对未来学校的探索

在未来教育与未来学校的理论研究基础上，世界各国都进行了建设和发展未来学校的探索。

世界上第一所直接以"未来学校（School of the Future）"命名的费城未来学校主要着眼于学校共享空间的设计、信息化设备的配备、个性化教学时间的设计等，以期满足学生的不同需要②。之后，世界上许多国家及地区也建设了未来学校，例如：新加坡根据"智慧国 2015"计划规划了注重信息技术发展的"未来学校"项目；欧洲学校联盟在布鲁塞尔成立了"未来教室实验室"创新项目，以支持教学方式改革、重组传统的教室和其他学习空间；芬兰则提出了"FINNABLE2020 项目"，建立创新性学习生态系统，更好地将学生培养成为 21 世纪的合格公民。

在我国，中国教育科学研究院于 2013 年正式启动中国未来学校创新计划，利用信息化手段促进学校教育的结构性变革，推动空间、课程与技术的融合创新，为学校的整体创新提供理论引领和实践指导③。

六、未来教育/学校的行动路线

在上述基础上，学者们进一步围绕理念和素养要求，提出诸多关于未来教育/学校的行动路线、建设路径。

有学者指出未来学校发展方向体现为：具有趋向先进化的教学理念，走向综合化的课程体系，拥有更加活跃化的教师队伍，呈现多元性的学习方式，以及出现开放性的学

---

① 习近平. 习近平致信祝贺国际教育信息化大会开幕［EB/OL］. 2015-05-23.
② 冯大鸣. 21 世纪先锋学校的创新及预示——对美国费城"未来学校"的考察与评析［J］. 全球教育展望，2007（6）：67-71.
③ 王素，曹培杰，康建朝，等. 中国未来学校白皮书［R］. 北京：中国教育科学研究院未来学校实验室，2016.

校形态①。未来学校的具体路径，包括提供多元课程维系学生持久的兴趣，革新教师角色深化学校育心功能，构建智慧学堂促进教师育人方式内驱化，创新评价机制提高社会育人可持续性，强化技术理性融合促使学习行为的泛在化，等等②。也有学者从"互联网＋教育"的发展来探讨未来教育的变革路径，指出"互联网＋教育"的关键是用互联网思维改造学校，探索新型教育服务供给方式，利用信息技术促进教育流程再造。用互联网思维建设未来学校，将会打破封闭的办学体系，突破校园的界限，任何可以实现高质量学习的地方都是学校；打破传统的教学结构，构建充满人文关怀、体现个性差异、满足不同需求的教学体系；打破固化的学校组织形态，采用弹性的学制和扁平化的组织架构，为学生创设多元融合的育人空间③。

总体来看，未来教育/学校的行动路线包括建设数字教育资源、探索教育理念、创新教育质量提升机制、探索现代化教育治理、变革育人方式和推广创新教学方法等方面。具体来看，建设数字教育资源要求依托先进在线教育技术，汇聚国内优质基础教育资源，建立覆盖基础教育各年级各学科的数字教育资源体系，并基于教育信息化平台和数字教育资源，为广大中小学提供优质学习资源。创新教育质量提升机制要求健全学校、家庭、社会协同育人机制，并发挥在线教育优势，以信息技术创新教育质量提升机制。探索现代化教育治理要求通过大数据等先进技术，实现精细化治理，探索信息化助力的基础教育质量监测分析、教育督导、网络教研多种现代化治理路径。变革育人方式即融合运用传统与现代技术手段，重视情境教学；探索基于学科的课程综合化教学，开展研究型、项目化、合作式学习。推广创新教学方法则指的是利用在线教育技术开展线上线下混合式教学，包括教师课前要指导学生做好预习；课上要讲清重点、难点以及知识体系，引导学生主动思考、积极提问、自主探究；课后鼓励学生挑战拓展，实现知识迁移内化；等等。

2021年4月29日，由教育部在线教育研究中心基础教育部、清华大学人文学院人文教育发展研究中心指导的第五届全国中小学未来教育高峰论坛在京召开，论坛围绕"未来教育""未来学校"和"用科技构建未来课堂"等话题展开深入探讨。慕华成志未来教育研究院联合首都师大附属育新学校成立的"首都师大育新未来学校"在会上揭牌，在会上同时发布了"未来学校共同体暨未来学校行动计划（北京共识）"，以下为该计划的主要内容。

未来学校共同体暨未来学校行动计划（北京共识）
2021年4月29日

党的十九大报告明确指出中国特色社会主义进入新时代，并提出要"优先发展教育事业。建设教育强国是中华民族伟大复兴的基础工程，必须把教育事业放在优先位置，

---

① 荆子蕴. 未来学校的特征、构建及发展路径［J］. 教学与管理，2020（1）：15-18.

② 周文美，姚利民，章瑛. 未来学校2035：育人育心的泛在学校——问题、本质和建设路径［J］. 开放教育研究，2021，27（1）：55-64.

③ 曹培杰. 未来学校的变革路径——"互联网＋教育"的定位与持续发展［J］. 教育研究，2016，37（10）：46-51.

深化教育改革，加快教育现代化，办好人民满意的教育"。中国特色社会主义进入新时代，教育的基础性、先导性、全局性地位和作用更加凸显。加快向创新型国家迈进，建设现代化经济体系，建设富强民主文明和谐美丽的社会主义现代化强国，实现中华民族伟大复兴的中国梦，满足人民美好生活需要，必须加快教育现代化，把我国建设成为教育强国。基于此，中共中央、国务院印发《中国教育现代化2035》，提出推进教育现代化的总体目标，指出"到2035年，总体实现教育现代化，迈入教育强国行列，推动我国成为学习大国、人力资源强国和人才强国，为到21世纪中叶建成富强民主文明和谐美丽的社会主义现代化强国奠定坚实基础"。中共中央办公厅、国务院办公厅印发《加快推进教育现代化实施方案（2018—2022年）》，提出推进教育现代化的十项重点任务之一即为"大力推进教育信息化"。

"我国处于近代以来最好的发展时期，世界处于百年未有之大变局，两者同步交织，相互激荡。"面对这一时代特点，教育也需要进行变革，未来教育走向需要重新思考。世界经济论坛（World Economic Forum）于2020年1月发布了一份题为《未来学校：为第四次工业革命定义新的教育模式》的报告，该报告提出第四次工业革命向教育提出了新的挑战，教育需要作出改变以能够应对这些变化，基于此，报告提出了"教育4.0"的全球框架，包括学习内容和学习经验的关键性转变。

为更好地实现教育现代化的目标，应对社会经济环境和技术环境的变化对教育提出的挑战，培养更满足未来需求的人，需要对未来学校的愿景和未来学校的行动路线进行深入思考。

我们的目标是：到2025年，动员所有利益相关者围绕未来学校新模式形成广泛的联盟，探索出一套融合未来教育新理念、新标准、新技术的未来教育发展路线，建立一批基于未来教育发展路线的未来学校。

为此目标，在以未来学校共同体与未来学校行动计划为主题开展广泛调研并听取专家意见的基础上，提出推进未来学校发展六大基本共识。

（1）优质：建设中国特色的高质量教育体系是未来学校发展的重要使命。为实现基础教育优质发展，需制订覆盖全学段、体现世界先进水平、符合不同层次类型教育特点的教育质量标准，明确学生发展核心素养要求。在此基础上，通过教育教学等方式实现教育质量标准和学生发展核心素养要求。

（2）个性：个性化定制学习是未来学校的重大任务。未来学校要根据每个学生的个体需求，更加灵活地为学生量身定制学习方法和学习内容，包括设计个人学习过程、基于能力水平的发展以及灵活的学习环境等，这有助于每个学生发挥所长，更好地发展。

（3）全纳：全纳是未来学校发展的重要理念。由于教育依旧是社会流动性和社会福利的关键驱动力，学习系统必须朝向无障碍的系统转变，从而实现全纳，确保所有人都有机会接受教育，这有利于未来培养更加多样化的人才，有利于未来的发展和创新。

（4）创新：创新是未来学校发展的不竭动力。在百年未有之大变局的社会环境中，要进入创新型国家前列，教育创新、创新型人才尤为重要。通过创新信息时代教育治理新模式，创新并丰富课程形式，创新人才培养方式等途径，激发活力，推动未来学校更好发展。

（5）共同体：共同体构建是未来学校的重要基石。未来学校共同体构建就是要求大家拥有共同的发展目标和愿景，团结一致、共同进步，为未来学校的发展而努力。共同体构建不仅包括学校内部管理者、教师、学生拥有共同的发展目标和愿景，还包括学校与家庭、社会也有共同的育人目标，深入构建一体化育人体系，形成学校、家庭和社会相衔接的综合育人机制。

（6）可持续：可持续发展是未来学校发展的重要目标。获得高质量的教育是改善人民生活和实现可持续发展的基础，要把可持续理念贯穿教育发展全过程和各领域，构建新发展格局，切实转变发展方式，以未来教育的可持续发展推动经济社会全方位的可持续发展。

基于上述原则，我们致力于以下行动。

（1）建设中国特色的高质量教育体系。树立符合教育规律、适应新时代、具有中国特色的教育理念。全面落实立德树人根本任务，广泛开展理想信念教育，厚植爱国主义情怀，加强品德修养，增长知识见识，培养奋斗精神，不断提高学生思想水平、政治觉悟、道德品质、文化素养；增强教材的思想性、科学性、民族性、时代性、系统性。

（2）建设数字教育资源，实现个性化教育和全纳教育。推进"教育＋互联网"发展，按照服务教师教学、学生学习、学校管理的要求，依托先进在线教育技术，汇聚国内优质基础教育资源，建立覆盖基础教育各年级各学科的数字教育资源体系。老师和学生一起根据学生能力设计个性化的学习计划，学生按照自己的节奏选择学习内容，老师提供辅导，实现个性化的学习体验；通过技术手段可以将视觉、听觉、触觉、动觉等多种方法整合到课程中，帮助学生以不同方式处理学习材料，帮助有特殊需求的学生开展学习；数字化课件和通信技术把学生、教师和学习资源联系起来，使得无法走进学校接受教育的人纳入到未来学习体系。

（3）改革创新人才培养模式和教学方法。支持学校充分利用信息技术开展人才培养模式和教学方法改革，逐步实现信息化教与学应用师生全覆盖。加快推动人才培养模式改革，推行启发式、探究式、参与式、合作式等教学方式，实现规模化教育与个性化培养的有机结合。融合运用传统与现代技术手段，重视情境教学；探索基于学科的课程综合化教学，开展研究型、项目化、合作式学习。

（4）打造高素质专业化的教师队伍。健全以师范院校为主体、高水平非师范院校参与、优质中小学（幼儿园）为实践基地的开放、协同、联动的中国特色教师教育体系；夯实教师专业发展体系，推动教师终身学习和专业自主发展，使得教师队伍可以适应新时代基础教育发展的需要。

（5）加强未来学校共同体构建。增强家庭与社会的教育参与程度和参与质量，通过家校互动、家校合作委员会、社区服务等形式，让家庭、社会更多参与到未来学校生活与学习中，协同互补引领孩子成长，促进未来教育发展。构建学科教学、学校活动、校园文化等方面的融合，做到课程育人、文化育人、活动育人、实践育人、管理育人、协同育人等方面的协调统一，形成未来学校共同体，起到共育的效果。

（6）推进教育治理体系和治理能力现代化。创新信息时代教育治理新模式，开展大数据支撑下的教育治理能力优化行动，推动以互联网等信息化手段服务教育教学全过程。提高学校自主管理能力，完善学校治理结构，推进学校治理现代化。推动社会参与教育治理常态化，建立并健全社会参与学校管理和教育评价监管机制。

在百年未有之大变局之际，在信息化技术飞速发展的时代，教育发展面临重大的机遇与挑战。我们将立足当前、面向未来，以创新的、发展的姿态深入探索未来学校的发展方向与行动路径，以培养学生具备较高的学习基础素养，引导他们能够通过未来学校的学习不断掌握新事物、新技术、新能力，帮助他们获得有利于未来持续发展的、更强的问题解决能力、创新实践能力和社会适应能力。我们将以中华优秀传统文化的开拓进取、不断创新的精神探索前行，将服务中华民族伟大复兴作为教育的重要使命，汇聚各界力量统筹推进未来学校建设。

七、小结

未来教育和未来学校是人类为了创造更好的生活而进行的尝试和探索，包含了人类对未来的憧憬。如今，未来教育与未来学校的研究实践仍有许多问题值得我们去深思，未来教育的可能性仍等待我们去探索。虽然目前的研究对于未来教育与未来学校众说纷纭，虽然我们不能准确地描绘未来学校的图景，但是我们向前走的每一步都会使教育变得更美好、学校距离未来更近。

第三节　未来学校课题研究

一、课题背景

全国未来学校课题是在教育部在线教育研究中心基础教育部指导下，由清华大学人文学院人文教育发展研究中心、慕华成志未来教育研究院共同发起设立的专项研究课题。课题响应党中央、国务院印发《中国教育现代化2035》确定的核心任务、《中华人民共和国国民经济和社会发展第十四个五年规划和二〇三五年远景目标纲要》关于教育"十四五"规划布局，发展中国特色世界先进水平的教育，探索未来学校前沿研究，致力于在新的时代条件下，应用新理念、新思路、新技术，面向未来，推动学校形态变革和全方位改革创新，系统研究国内国际已有的教育教学探索和改革创新的经验。

二、课题研究方向

设立全国未来学校总课题，并向全国征集子课题，包含七大研究方向：未来学习空间的布局与设计、学生信息化素养的培养、基础教育中的学科融合、对多元化过程性评价的研究、面向未来学校的教师发展、混合式教学、教育治理体系与治理能力现代化。

具体申报方向说明如下。

（一）未来学习空间的布局与设计

（1）未来网络学习空间的设计与规划。
（2）智慧科技背景下"未来学校"校园信息环境的设计研究。
（3）未来学校图书馆的设计与应用研究。

（二）学生信息化素养的培养

（1）基础教育中培育学生数字化自主学习能力的实践探索。
（2）基于信息化素养培养的"未来学校"课程建设与实践研究。
（3）"互联网+"时代基础教育学生信息化素养的评价指标体系。

（三）基础教育中的学科融合

（1）学科融合视角下的基础教育变革。
（2）基础教育中学科融合的课程教学改革研究。
（3）基础教育中利用学科融合开展第二课堂的实践研究。

（四）对多元化过程性评价的研究

（1）信息技术教学中过程性评价实施状况的分析。
（2）面向"未来学校"的教学评价体系研究。
（3）基于大数据的多元化过程性教学评价研究。

（五）面向未来学校的教师发展

（1）面向"未来学校"的教师网络教研平台研究与实践。
（2）基础教育教师信息化素养的要求及策略探究。
（3）基于大数据学情分析的教师培养方案研究。

（六）混合式教学

（1）基础教育中混合式翻转课堂的设计与应用。
（2）基于大数据的混合式教学评价体系探讨。
（3）面向"未来学校"的混合式教学课程设计研究。

（七）教育治理体系与治理能力现代化

（1）基础教育中学校制度改革方案研究与实践。
（2）面向未来的基础教育保障制度改革方案的研究与实践。
（3）基于大数据教育监控平台的学校治理能力评价。

三、课题申报研究概况

总课题负责人为清华大学教育研究院长聘副教授李锋亮，课题的管理由慕华成志未来教育研究院协同。

全国未来学校总课题于2020年12月启动子课题申报工作，2021年1月课题组从近百份申请书中评审立项14个子课题，从育人目标、现代化管理、课程体系、教学模式、教师培养等多个维度凝练出既有理论高度又有实践指导性的研究成果，应用到学校现代化治理、多元化教学评价和校园环境升级等方面，从而培养面向未来的创新型人才。其间，各子课题学校围绕未来学习空间布局与设计、学生信息化素养培养、基础教育中的学科融合、多元化过程性评价、未来学校教师发展、混合式教学、教育治理体系与治理能力现代化七个方面，立足教学一线，积极探索教育改革发展新路径，经过两年的深入研究，取得了丰硕的成果。

四、课题案例

本部分的两个课题案例均来源于清华大学人文学院"全国未来学校"相关子课题的成果汇报材料，由总课题组筛选相关成果和经验内容为本书供稿，供借鉴参考与学习交流之用，原文内容有适当删改。

（一）课题案例一：首都师范大学附属回龙观育新学校

创新与实践要点：整合外部优势资源打造区域未来学校样板。

1. 建设未来学校的基础与目标

为促进教育均衡与公平，推进优质教育资源实质性增长，顺应北京市城乡一体化建设需要，2012年2月，首都师范大学附属育新学校与昌平区教委签署合作办学协议，创办了首都师范大学附属回龙观育新学校。这所学校按照小学一年级到高中三年级每个年级4个班，总计48个班的规模设置建成一所十二年制的公办学校。建校以来，学校坚持"育德致美，启智日新"的学校发展核心价值观和"发展素质教育，从优质走向卓越"的发展愿景和使命，经过十年发展，学校取得了显著的办学成绩：校风优良，教育教学质量优秀，特色发展成绩显著，已经成为回龙观地区居民普遍认可的家门口的热点学校，每年学校的入学需求居高不下，办学规模日趋庞大。目前，学校共有中小学105个班级，其中小学62个班级、中学43个班级，全校学生4085人，在编教师369人。

首都师范大学附属回龙观育新学校先后获得"全国国防教育特色学校""全国体育工作示范学校""全国排球特色学校""全国篮球特色学校""全国航空教育特色学校""北京市中小学科研先进校""北京市综合素质评价先进校""北京市优质高中校""北京市武术传统学校"等荣誉称号。

为了落实"立德树人"教育根本任务，实现国家课程"五育并举"育人要求，回龙观育新学校基于学校文化和校情、学情，构建了"我和＋"青色育人课程体系。通过优化课程实现整体育人，促进学生"五力并举"、目标进化、自我管理，最大化地实现学生的全面发展。回龙观育新学校的"我和＋"青色育人课程体系，就是要从品格、审美、思维、创新四个方面来培育学生，使学生成为具有健全人格、高雅审美、成长型思维和创新能力的时代新人。这不仅是对学校"育德致美，启智日新"核心价值观的彰显，更是对"落实立德树人根本任务"、贯彻落实"双减"政策、"推进普通高中课程改革"的积极响应。

举措一：首都师范大学附属回龙观育新学校"行走改变视界，拓展心灵版图"综合实践课程开设涉及小学高年级、初中和高中三个学段，形成一贯制系列课程。

举措二：2019年度学校综合实践课程立足"一带一路，代代相传，行走改变视界，拓展心灵版图；育德致美，启智日新，为培养具有责任感的全面发展的优秀公民奠基"课程核心理念，组织开展了系列研学实践活动。

2021年4月29—30日，第五届全国中小学未来教育高峰论坛在首都师范大学附属回龙观育新学校举行。本次论坛以"未来教育""未来学校""用科技构建未来课堂"为主题，对当下广泛聚焦的教育公平、教育质量、教育创新和教育发展等问题进行了深入探讨，吸引到数百位来自全国各地的教育主管部门有关人士、教育学者和中小学校长共同参与（图2-2）。

图2-2 第五届全国中小学未来教育高峰论坛

论坛上，首都师范大学附属育新学校联合慕华成志未来教育研究院成立的"首都师大育新未来学校"在会上揭牌。首都师范大学育新未来学校在构建高质量教育体系，实现教育现代化的目标引领下，反思传统教育体系中存在的不足，探索构建面向未来的教育新生态。学校立足智能时代，推进前沿技术与教育的深度融合，重点要在师资队伍、学生成长和学校可持续发展三个方面发力，不仅对传统的教育理念、教学方式和管理模式产生了革命性影响，也为促进教育公平、提升教育质量带来了巨大机遇。

首都师范大学育新未来学校将着眼于学生的发展，不断探索如何通过未来学校的建设，实现优质资源共享，以技术手段辅助教育质量的提升，进而促进教育公平的实现。首都师范大学育新未来学校将依托慕华成志优质教育资源，共享优质教学成果，赋能基础教育创新发展，助力国家"建设高质量教育体系"战略实施，为促进我国基础教育优质均衡发展尽自己的责任与义务。

学校立足新时代国际国内形势，锚定未来中国现代化强国建设和中华民族复兴需要，通过"我和+"青色育人课程建设，为培养学生成为具有坚定的主流意识形态和社会主义核心价值观、有浓浓的家国情怀和责任担当、德智体美劳全面发展、有创新思维和创新技能、有国际视野和世界眼光的社会主义合格建设者和接班人奠基。

2. 过程与重点举措

首都师范大学附属回龙观育新学校设置面向未来的、符合学生成长规律的多学科融合的"我和+"青色育人课程体系。促进学生在身心健康、团队意识、集体观念、探索创新、责任担当、家国情怀、世界格局等各方面素养得到长足发展，初步具备运用多学科融合知识、技能与方法解决生活、生产和发展中的问题。促进教师开阔教育视野、提高教育站位、增强教育情怀，促进教师实现专业发展，享受职业幸福感。具体过程和重点举措如下。

（1）探索构建并实施"我和我的团队"系列育人课程。

引导学生在"我和我的团队"系列课程实施中积极参与到"我和我的同学""我和我的老师""我和我家庭""我和社区伙伴""我和我的项目团队"等课程中。

与此同时，坚持"每个人都是主角，每一步都是结果"的发展理念，构建班级、年级、校级三级学生自主管理体系，引导广大学生在以上三级的各种事务管理中锻炼能力、增长见识，提升服务他人、奉献集体的公众意识和公德意识。

（2）探索构建并实施"我和我的学校"系列育人课程。

依据学校办学特点探索构建"我和我的学校环境""我和我的学校文化""我和我的学校生活""我和我的学校活动"课程。

在科技创新教育活动中培养学生创新思维和实践能力，促进学生敏于求知、勇于创新。

在体育健康教育活动中培养学生牢固树立健康第一的理念，使学生掌握一至三项体育技能，满足学生个性化体育需求。加强健康知识教育，落实国家学生体质健康标准及评价办法。加强奥林匹克教育，深入推进校园足球发展，大力普及冰雪运动，广泛开展学生体育竞赛，培养竞技体育后备人才。

在艺术审美教育活动中培养学生艺术感知、创意表达、审美能力和文化理解素养，塑造美好心灵。建立学生美育社团，全方位建设美育校园。

在劳动实践中注重围绕丰富职业体验，统筹开展好生产性、服务性和创造性劳动，统筹学习掌握必要的劳动技术，支持学生深入社区、福利院等开展公益劳动，参与社区治理，使学生养成劳动习惯、掌握劳动本领、树立热爱劳动品质和服务社会情怀。

（3）探索构建并实施"我和我的城市"系列育人课程。

充分挖掘北京丰富多元的历史文化、人文社会、自然地理、科技创新、国际交流等地方特色教育资源和数量众多、力量雄厚的高校、科研院所、企业、工厂、科博场馆等优质教育资源，统筹课堂学习和课外实践，构建"我和我的城市"系列育人课程，为有不同兴趣爱好的学生搭建课题研究、项目设计、研究性学习等跨学科综合性学习实践平台。

（4）探索构建并实施"我和我的祖国"系列育人课程。

结合我国正式迈入两步走实现中国梦的新征程，聚焦建党百年影响和决定中国命运的重大事件、重要人物以及代代相传的中国精神，培育学生感恩革命先辈、学习伟大榜样、继承光荣传统的家国情怀。开展研学旅行，走进祖国的大好河山、工厂企业、科研基地、教育基地等。

（5）探索构建并实施"我和我的地球"系列育人课程。

立足新时代我国处在"百年未有之大变局"的国内国际大环境，以项目研究和课题研究的形式，引领学生从人类命运共同体、人类健康共同体、人类安全共同体、人类环保共同体、人类空间共同体等多个角度探究中国特色社会主义制度的优越性和中华民族在历史文明进程中独有的开放、包容、大气、厚德等优秀品质。

2022年，基于课程整合的内涵与定位以及首都师范大学育新未来学校建设目标，首都师范大学附属回龙观育新学校积极寻找各学科之间的相通点，立足学生需求，将原有的分科课程进行整合，形成了三层六领域的课程结构图（图2-3）。

课程领域分为道德与修养、数学与科技、人文与社会、艺术与审美、体育与健康、劳动与生活六大课程领域。这些课程领域将原有的分科课程进行整合，打通学科之间的壁垒，有利于提升学生的实践能力和创新精神。课程层级分为修羽课程、展翅课程和翱翔课程。其中，修羽课程是以国家和地方规定的必修课程为主，面向全体学生的必修课程，指向学科核心素养。展翅课程是面向不同学生群体开设的各类选修课程、活动课程，满足学生多元化的学习需求，提升学生的综合能力和实践水平。翱翔课程是面向有突出特长和特殊需求的学生开设的项目课程、专题课程和研究类课程，在知识的难度和广度上有了更高的要求，引导学生创造性地解决问题，形成独特观点和素养，发展个性。修羽课程指向共性需求与要求，展翅课程是对基础课程的延展和补充，翱翔课程在两者的基础上，满足学生的个性化发展需求。

3.项目效果

（1）围绕"我和我的团队"建设，学校建立健全了各级各类学生组织，搭建了学生自主管理和主动发展的成长平台，包括三大校级学生组织：学生会、团委会、红十字会；年级组织：年级学生会、年级团总支；班级组织：班委会、团支部、少先队；学生社团：国旗班、模拟联合国、育龙电视台、育龙之声广播站、排球队、篮球队、足球队、武术队、侦探推理社、电影社、历史社、十字绣社、诗文社、动漫社、科技社、公益社、吉他社、益智社、交易社、英语戏剧社、健美操队、管乐队、民乐团、合唱团、舞蹈团、魔方社、京剧社团等。

学生在自主发展主动成长中学会了与他人交往，建设自己的成长团队，培养了做好自己、尊重他人、协同发展的团队合作发展理念，在课程实践中形成正确的世界观、人生观、价值观，为将来适应社会打下坚实的成长基础。

（2）围绕"我和我的学校"系列育人课程建设，依据学校办学特点探索构建了"我和我的学校环境""我和我的学校文化""我和我的学校生活""我和我的学校活动"课程。在"我和我的学校"系列育人课程实践中全面了解了学校、主动融入学校文化中、积极

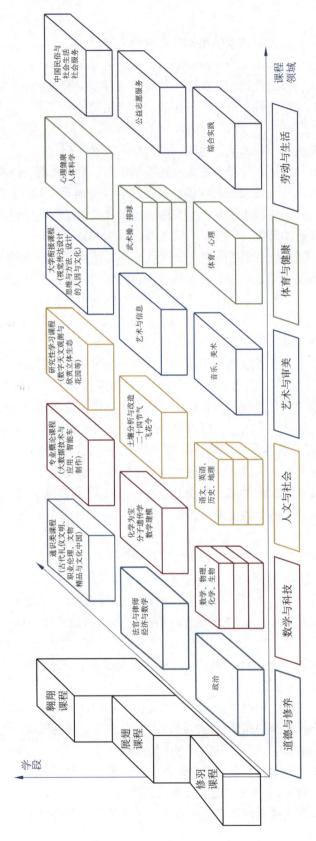

图 2-3 青色课程体系

适应学校管理、真心热爱学校集体、认真参与学校活动，学生人文和科学素养得到了提升，激发了学习内驱力，提高了学生自主学习能力。

（3）围绕"我和我的城市"系列育人课程，在学科教学中渗透我和我的社区、我和我的城市教育，编制了我和我的城市研学手册，为有不同兴趣爱好的学生搭建了课题研究、项目设计、研究性学习等跨学科综合性学习实践的平台，激发了学生学习内驱力，促进学生在自己擅长的领域长足发展，增强了学生创新意识和创造能力，提升了学生的社会责任感和城市荣誉感。

（4）围绕"我和我的祖国"系列育人课程，开展了丰富多彩的研学旅行活动，引导学生走进祖国的大好河山、工厂企业、科研基地、教育基地等，在研学旅行中，学生们把学科知识和生产生活深度融合，把学业发展和生涯指导深度融合，增强国家认同感和民族自豪感，树立了成才报国的远大志向。

（5）围绕"我和我的地球"系列育人课程，组织开展了世界地理学科知识渗透、丰富多元的国际文化交流，引导学生传承"修身、齐家、治国、平天下"的家国天下大格局、大情怀，增强了勤奋学习、立志成才、报效祖国、服务人类的理想抱负，培养了国际视野和世界格局。

4. 未来学校建设计划与愿景

未来学校建设的道路艰辛且漫长。面对未来，该如何使学生全面且有个性地发展？该如何更好地实现课程整体性向育人整体性转变？竭尽所能不是一句口号，是一种文化，是做事的一种思维方式和行为准则，是驱动前进的力量。我们始终坚信，总有办法打开一扇锁着的门。

下一步，将在未来学校建设中，面向2035，展望2050，面对世界百年未有之大变局，将更加深入推进"我和+"青色育人课程体系建设，深入开展教师队伍建设、学校文化建设、思维型教学研究等工作，以学生发展为本，锚定为中国现代化强国建设和中华民族复兴不懈奋斗，努力培养更多更好的有坚定主流意识形态和社会主义核心价值观、有浓浓的家国情怀和责任担当、德智体美劳全面发展、有创新思维和创新技能、有国际视野和世界眼光的社会主义合格建设者和可靠的接班人。

（二）课题案例二：河南省新乡市平原外国语学校（郑州外国语学校平原校区）

创新与实践要点：以混合式教学为抓手推进未来学校建设。

1. 建设未来学校的基础

2015年平原外国语学校建校之初，校长就将慕华成志爱学堂引入学校，开始了对适应未来课堂教学的混合式教学的探究之旅。自学校开展"混合式教学模式"以来，学校教师积极参加"新乡市微课和优质课大赛"，多人荣获一等奖。多位老师荣获慕华成志未来教育研究院"混合式教学改革先锋"称号，并受邀到省外学校进行课题成果展示和交流。这些都为学校开展"教育信息化2.0背景下混合式教学策略的行动研究"奠定了扎实的理论和实践基础。

2. 建设未来学校的目标

（1）为如何实施符合学科特点的未来课堂教学提供一套可操作的模式。通过现代信息技术，优化课堂的组织形式和丰富的教学手段，实现师与生、生与生、师与机、生与机、学习者和学习环境的主动交互，减轻师生负担的作用。

（2）借助未来课堂平台的优势，将传统教学方式的优势和 E-learning 的优势结合起来，拓展学生的学习时间和空间。

（3）在信息化教学背景下，提高未来课堂教师应用网络教学的能力以及自身素质，以期教师引导、启发和监控教学过程的主导作用得到创造性地发挥。

（4）研究新型教学模式、优化教学过程、整合教学资源——并将这些运用到教学实践中，充分发挥校园网络的优势，促进教学效率的提高。

（5）丰富中学未来课堂教学的理论和实践研究，并为中学一线教师实施未来课堂与信息技术融合教学提供可复制或参考的范本，推进信息技术与未来课堂融合的理论和实践研究的发展。

3. 实施过程与重要举措

（1）措施与过程。2021年学校受邀参与清华大学人文学院人文教育发展研究中心组织的"教育信息化2.0背景下混合式教学策略的行动研究"及中国教育学会2021年度教育科研规划重点课题"混合式教学与教研机制体制改革与实践研究"后，启动了"教育信息化2.0背景下混合式教学策略的行动研究"，提出了学校"教育信息化提升2.0计划"，"未来课堂"教学研究也进入了一个全新的阶段。先后把"口语100""GeoGebra"引入英语、数学教学中，提高了教学效果。

同时，也对教研质量提出了更高要求：公开课前至少两位同学科的教师合作备课，每月聚焦一个教学环节或要素，有力地推动了未来班教学研究向纵深发展。并且，逐步形成了未来班特有教研模式。即：学期初制订好课题研究阶段性计划；每月参加一次教科研例会，汇报自己的课题研究情况；每学期围绕自己研究专题上好公开课，上交有关教案及研究论文；期末写好课题阶段性小结及论文，并积极向各级刊物投稿；每年要对本学科工作提出一点带有创新性的改进和指导意见；每年争取有一篇教科研论文在市级以上杂志上发表或得奖。课题组负责人每月集中一次学习、交流。

另外，学校积极参加全国各地线上和线下的混合式教学研讨活动，不断加深教师对教育信息化2.0背景下混合式教学策略的研究，提升自己的教学理念和研究水平。

（2）理论研究成果。自开展"教育信息化2.0背景下混合式教学策略的行动研究"以来，全校师生积极探索新背景下混合式教学的新思路和新模式。从学校角度，探索出了基于学校"思悟课堂"理念的"一二三四"混合式课堂教学模式；从教师角度，探索出了"四阶段五环节"的教学模式；从学生角度，探索出了基于信息技术和教师有效指导的自主学习模式——"问题引领—合作探索—先学展示—课堂验证"，产生了较大的社会影响。同时也汇集整理出一定数量的、有代表性的典型活动实录。

① "一二三四"混合式课堂教学模式：一是指一个理念，就是思悟课堂理念；二是指两个翻转，即教学角色的翻转和结构的翻转；三是指课前、课中、课后三个阶段；四是指教学理论、资源、环境、方式四个混合。课前教师推送相关课件、微课、预习题及预习要求，学生完成后教师根据平台反馈结果确定针对本班学生的重难点进行二次备课；课中教师根据重难点进行逐个击破，学生会的不讲，只讲学生出现错误的地方，学

生进行交流讨论，教师进行点拨。课后，教师针对课堂学生的表现，布置有一定难度的题目，对课堂所学内容进行巩固及升华，还可分组进行，学习较差的同学可单独布置不同批次的作业，并要求学生对课上所讲内容利用微课或课件进行复习回顾。逐步培养学生的独立思考、自学能力，提升学生的核心素养。

②"四阶段五环节"教学模式：结合本校学生特点及教育状况，从教师教学角度出发，探索出了一种"四阶段五环节"的混合式教学模式。"四阶段"指的是完成并巩固一个知识点教学所要具备的各个步骤，即课前准备阶段、线上学习阶段、课堂教学阶段和课后拓展阶段。"五环节"指的是课堂教学阶段的五个环节，即自学检测、小组合作、重难点讲授、课堂小结和线下作业（图2-4）。

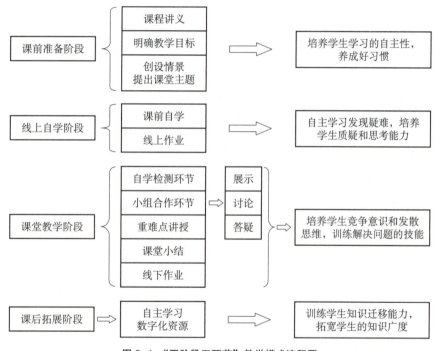

图2-4 "四阶段五环节"教学模式流程图

③学生自主学习模式：结合学校未来班教学实际，从学生自主学习角度出发，探索出了一套教育信息化2.0背景下的学生自主学习模式——"问题引领—合作探索—先学展示—课堂验证"，即课前让学生先预习，看微课，看课本，做预习题。教师收集学生预习情况，调整备课，使课堂教学更切合学生的实际。课堂上重点解决学生预习中出现的问题，或对相关知识进行拓展加深。采用随机抽取、点赞等方式调动学生学习的积极性。以此为基础进行研究，撰写各学科在信息技术环境下，学生自主学习模式的探索与研究实施的论文。

④成果集汇编：汇编的研究成果有《教育信息化2.0背景下混合式教学模式研究》论文集、《初中学科微课集》视频集、《初中数学教学设计》书籍、《初中英语教学设计》书籍、《初中物理教学设计》书籍。在教学策略上，形成基于"思悟课堂"理念的"一二三四"混合式课堂教学模式及一套可实施的、符合学科特点混合式教学策略。该

策略立足于平原外国语学校校情，在思悟课堂理念指导下，在"爱学堂"网络平台的支持下，形成以班级为单元组织教学，多学科共同探讨的混合式教学模式。建立多方法、多目标的多维评价体系，优化教学过程、整合教学资源并将其运用到教学实践，将丰富多彩的线上资源与操作性强的线下学习融合，在关注学习者学习的结果的同时，亦要重视其在整个过程中表现出来的态度和情感，帮助学生建立信心，重新认识自我。

第三章　社会参与未来教育发展的创新模式

2018年9月10日，习近平总书记在全国教育大会上指出：办好教育事业，家庭、学校、政府、社会都有责任。全社会要担负起青少年成长成才的责任。全面落实教育优先发展战略，在经济社会发展规划上优先安排教育、财政资金投入上优先保障教育、公共资源配置上优先满足教育和人力资源开发需要。积极鼓励社会力量依法兴办教育。发展"互联网+教育"，完善吸引优秀人才从事教育的体制机制。

2019年2月，中共中央、国务院印发《中国教育现代化2035》，在总体目标的最后提出"形成全社会共同参与的教育治理新格局"。

2022年10月，党的二十大报告指出："推进教育数字化，建设全民终身学习的学习型社会、学习型大国。"

教育数字化是数字中国、数字经济的重要组成部分，是教育主动适应新一轮科技革命趋势，优化升级数字化学习环境，变革教学和评价模式，推动体制机制创新，构建时时能学、处处可学、人人皆学的终身学习体系的必然要求。推进科技和教育双向赋能。教育领域的数字化转型是智能时代发展的需要。

充分利用新技术赋能学校管理方式、教师教学方式、学生学习方式的转变，不断探索教育新模式，创建教育新场景，探索教育新应用，构建面向未来的教育新生态，呈现智慧教育应用新格局，这些都是当下教育数字化转型要思考和实践的相关问题。

而今，教育和科技呈现融合发展之势，教育环境、教学内容、教育方式、学生特点及评价方式等均在发生很大的改变。教育新基建的兴起与数字化应用的完善，为科技赋能教育提供了更多新思路与新做法。信息空间与物理空间的叠加应用与高结构化设计满足了教育流程再造、结构重组、服务创新、体系优化、精准治理等各类实践条件。让人人都能享受到优质教育资源，建立终身学习的基础公共服务体系等目标均已逐步迈向现实，公平而优质的教育资源底层基础已经越来越完善，呈现出中国式教育创新的顶层智慧与强大的社会参与力量。

与此同时，随着"双减"政策的深入执行和落地优化，社会各界特别是学生家长，对教育目标的期望值也越来越趋向于从单一的升学考试转向全面发展的综合能力与品格养成。这意味着，我国教育高质量发展已经进入到变革的深水区。在这个过程中，学生成长、教师发展和环境升级是科技赋能教育的三个核心领域。推进教育数字化转型是教育高质量发展的内在需求，要深入推动全领域、全要素、全流程、全业务的数字化意识、数字化思维和数字化应用。面对新时代、新挑战、新机遇，更需要教育界和科技界的专家学者共同努力，交流和分享更多研究成果，推进科技和教育的双向赋能。同时，积极推动全球教育合作，共同探索智慧教育发展路径。①

创新智能时代办学条件，打造数字化、智能化、学习型的智慧校园与泛在化、虚实结合的学习空间，是学校发展的未来趋势。以科技创新赋能教育高质量发展已经成为数字时代的必然要求和探索重点。

由于受教育资源及各类条件所限，单纯依靠教育部门完成教育信息化建设及人工智能时代的数字化教育体系应用工程是很难的，必须依靠大量的社会力量，特别是高科技企业的支撑来共同推进教育数字化转型的应用发展，因此很多专家提出要产学研用并列起来、融合起来，共同推动智慧教育的发展。众多教育科技企业的智慧教育产品，也在一定程度上推动了"教育+科技"的高质量、融合发展。

据2018年3月在北京举行的"中国发展高层论坛"会上透露的相关数据显示，我国已成为拥有教育科技专利数最多的国家，教育科技领域"独角兽"企业约占全球近40%。技术赋能下，教育的形态正在发生变化。算法生成个性化作业，人工智能批改试题，视频课堂让素质教育得以普惠，智能硬件让学习过程不再枯燥……科技与教育的深度融合，正在改变传统教学的组织方式。用科技助力教育公平化、个性化和智慧化发展。科技的进步，让老师得以从繁重的工作中解放出来，把更多精力放在育人上。

教育的根本目的是为了人的发展，根本任务是立德树人，在教育数字化方面的投入越来越多，数字技术可以让教育资源质量、可及性和公平性逐步得到提升。"新技术让教育更有趣，让学生体验、享受到自我学习成长的快乐"。各级各类学校进一步转变观念，大力推进智慧教育，推动学校管理发展、教师教学方式、学生学习方式等建设，以信息化助推学校智能工程；社会各界进一步发挥自身优势，推动优质教育资源共建共享，助力现代信息技术与教育教学深度融合。中国14亿人教育需求的变迁，是中国教育进步最原始的推动力，而中国家庭教育理念的变迁也在不断推动着教育创新。

教育部教育发展研究中心原主任、国家教育咨询委员会秘书长张力在2018年"GES未来教育大会"上提出：我们现在谈供给侧结构性改革，满足14亿中国人的教育和学习需求，除了公共资源配置更加公平有质量之外，我们要调动社会力量、民间资本进入我们的教育和学习领域，提供多样化的服务。

同时，很多从事教育行业的社会机构负责人也认识到，办教育不能一味追求功利，无论何种形态的教育都要遵循育人规律，质量是教育的生命线。办教育的初心被再次强调，也重新回归到社会各界教育人的本位思考，由此创新了教育的很多有价值的实践探索，形成了中国式现代化的教育行业发展模式。

国内比较典型的成熟案例如慕华成志教育科技有限公司采用UGS模式进行了学术与市场相结合的一体两翼的实践探索，有着较具代表性的行业研究价值。本章以慕华成志为典型代表进行研究分析，以呈现中国式教育创新的实践与思考。

---

① 中国新闻网.数字化时代，科技如何赋能教育创新？[EB/OL]. https://baijiahao.baidu.com/s?id=1743041080352802038&wfr=spider&for=pc，2023-05-17.

第一节　社会参与促进未来教育发展的 UGS 模式

慕华成志创立于 2014 年（图 3-1），是清华"一体两翼"可持续发展模式的探索者，是教育部在线教育研究中心基础教育部的成果应用平台，是清华产业进军现代教育的战略举措。服务于未来教育发展的 UGS 模式也由此诞生。

图 3-1　位于清华科技园的慕华成志总部

一、一体两翼服务国家战略的模式创新

慕华成志依托清华基础教育资源和科研成果，通过数字资源、平台技术、创新应用等为政府提供教育新基建整体解决方案和未来学校管理运营服务。慕华成志旨在助力区域构建高质量教育体系、提升学校现代化能力，推动教育更加公平、更有质量地发展，将优质的教育资源带给每个人、每所学校、每座城市，构建智慧教育的美丽新世界！

（一）"一体两翼"与 UGS 可持续发展模式

慕华成志主动服务国家"教育新基建"战略，构建优质教育资源服务社会的创新体系，形成独特的"内容+平台+服务"一站式业务发展模式，实现了"政府+学校+师生"三位一体的协同创新机制。慕华成志与清华幼教、清华附小、清华大学人文学院人文教育发展研究中心（图 3-2）等在教育理念、教学资源、科研成果等方面开展了全方位合作，旗下建设有爱学堂、爱学云、学堂教师宝、未来课堂、未来学校等项目，涵盖教育科技服务各个板块。慕华成志已发展成为中国极少数拥有自主知识产权，能同时为客户提供教育科技及运营管理等全方位服务的企业之一。

图 3-2　清华大学人文学院人文教育发展研究中心成立仪式

为更好地实现专家引领和科研兴教，实现教育、科技、人才等综合协同发展，推动中国式教育现代化的践行，慕华成志专门成立了慕华成志未来教育研究院。研究院采用高校专家学者、区域教育管理部门、一线学校协同的创新机制，将"大学—政府—中小学校"合作（UGS）模式应用于教科研课题研究、区域高质量教育体系和未来学校建设发展中，理论研究与教改实践紧密结合，真正落地"以研促教"，让未来学校落地成为可能（图 3-3）。

图 3-3　"一体两翼"可持续发展模式

（二）慕华成志教育新基建服务的实施步骤

慕华成志充分抓住"教育新基建"战略背景下的各项机遇，在充满挑战的实践中稳步推进教育新基建的服务实施，主要步骤包括以下两个方面。

（1）引进清华资源，服务区域教育。引进清华数字教育资源和知识图谱技术，推进区域教育数字化转型，围绕数字基座构建学校应用场景，探索教与学方式的全面变革，打造一个惠及区域所有学校的数字基座，落实中央"双减"政策的教育教学模式创新，成为教育数字化引领区和民心工程。

（2）形成区域模式，推广成熟经验。联合成立地方未来教育研究院，形成"一体两翼，产教融合"的可持续发展模式，鼓励教育工作者构建本地数字教育资源，通过未来课堂创新教学，探索"未来学校"建设。形成高质量、可复制、可推广的经验和案例，为全国数字化变革升级提供先行先试的成功案例。

（三）业务服务场景及产品矩阵

在线教育是清华大学面向未来的战略部署。2013年年底，教育部批复在清华大学成立教育部在线教育研究中心，2014年4月29日，中心正式挂牌。中心依托清华大学，致力研究利用在线教育弥补我国优质教育资源不足，促进教育公平，深化教育改革，提高教育质量，建设终身学习体系。中心下设基础教育部，将研究工作下沉到基础教育领域，以学术研究为引领，服务新时代国家基础教育教学改革（图3-4）。

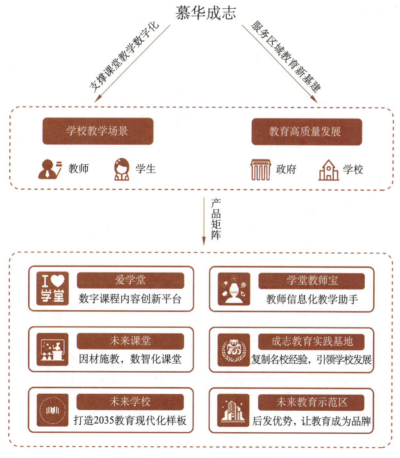

图3-4　慕华成志服务结构图

慕华成志依托清华基础教育资源和科研成果，通过人工智能、大数据、云计算等先进技术为政府提供教育新基建整体解决方案和学校数智化升级服务。目前，慕华成志已与清华大学、北京师范大学、首师大附属育新学校、深圳市罗湖未来学校、郑州外国语学校等全国100多所大中小学在多个层面开展了全方位合作。

面向未来的教育创新与实践

二、思考面向未来教育的新起点

（一）面向未来的教育创新思路

"百年大计，教育为本"，简洁而深刻地论述了教育在国家发展中具备的基础性、先导性作用。教育创新是国际教育的发展趋势，是每个国家势在必行的大事，更是我国"科教兴国"战略的必然选择，这也是教育自身进一步发展的客观需要。慕华成志在清华大学的支持下，除发展在线教育研究与投资管理外，还于2014年创办了以基础教育信息化领域为主的科技品牌"爱学堂"，该品牌旨在通过教育创新，逐步缩小区域、城乡信息差距，大力促进教育公平。

爱学堂创始人深耕教育多年，也是中国做在线教育最早的一拨人。他和他的团队在2014年筹建研发爱学堂系列产品，从而打造行业品牌与影响力。在创办爱学堂、促进优质教育资源共享的过程中，爱学堂团队希望重新定义教育产品，让其以学习者为中心，做中国最好的教育内容，并且希望通过互联网扩大优质教育覆盖面，最终使优质教育普及。目前爱学堂在市场上的核心业务包括四个相对独立的垂直单元——爱学堂App、未来课堂、互联网学校和爱学云，爱学堂的核心是自主研发的动漫课程内容。

一是To C端的爱学堂App，是国内领先的中小学MOOC平台。爱学堂以"让学习更美好"为产品理念，结合"00后"孩子熟悉的互联网元素，利用电影工艺，将知识点制作成几分钟的动漫微课，有效激发孩子的学习兴趣与学习主动性。截至2022年年底，爱学堂已拥有6000多节动漫微课，涵盖各科的知识点，匹配主流教材，成为辅助孩子学习的有力工具。

二是To B与当地学校合作的未来课堂。爱学堂与学校深度合作，每个学校开设两个创新班，从内容升级、到教学模式创新、再到教师培训和硬件网络，实现标准化定制的线上线下融合的高效课堂。教师可以使用未来课堂的平台完成课堂互动、作业审阅等一系列动作，从而节省时间，更好地服务学生。

三是在线的互联网学校。爱学堂不仅依托清华附小的课程资源，还定制了专属的教学互动平台，同时对外开放管理模式输出、教师培训和访问交流，相当于通过科技的力量在区域复制一所优质名校。

四是为政府提供的爱学云智慧教育云平台。目前，各省（自治区、直辖市）、市、区（县）按国家要求搭建教育资源公共服务平台，爱学堂构建的爱学云平台，不仅拥有优质教育资源，还将未来课堂、互联网学校、爱学堂App等多款产品全部囊括其中，注重常态应用，提供从区域优质资源覆盖、到学校的教学创新、再到个人移动学习的综合解决方案，助力区域发展公平而有质量的教育。

截至2023年6月底，产品已覆盖25个省（自治区、直辖市）、100多个市、区（县），惠及2万多所学校，超过500多万用户使用。

2020年4月，由爱学堂设计开发上线的"清华附小成志少年自主学习资源"从学生和家长的角度出发，推出了超级便捷的、在家自主学习的方式，为清华附小四个校区8000余名师生提供服务。清华附小课程中心每周科学地挑选搭配出一至六年级的自主学习单，内容包含：我的阅读时光、我的健康时间、我的劳动体验、我的探究天地、我的自主整理、我的水木秀场等六大板块 200 余节各种资源。互联网学校将其调试、组课、入库、开发并最终上线，实现"一键点击"式观课学习，省去中间环节，避免了家长和学生花费大量时间找课程的麻烦。

在慕华成志的推动下，清华附小的"1+X"课程和跟岗实习也正惠及慕华成志的众多区（县）客户，通过名校优质资源和专家教研团队的专项服务，推动混合式教学的实践与创新，成为慕华成志创新教育服务的又一实践模式，以此促进薄弱地区教育的优质均衡发展。

（二）科技与教育融合的"中国式"实践探索

1.来自教育公平的深度思考

让互联网和新技术真正为教育服务是慕华成志产品研发的初衷，在慕华成志看来，如果互联网和新技术不能激发孩子们对学习的热爱、不能为教师减负增效、不能优化学校的教学模式，就没有为教育创造真正的价值。

爱学堂创始人来自农村，对教育不公平感受颇深。20 世纪 90 年代初上小学的时候，一本课外书全班人传着看，等传到自己手中，书已被翻烂。但是，经济在发展，教育不公的矛盾却愈发尖锐，同时还产生出了新的问题——虽然大城市里的孩子每天都被各类辅导书、辅导班包围，却渐渐失去学习的兴趣，甚至讨厌学习。所以，要让优质的教育覆盖更多区域，还要让孩子喜欢去学、主动去学。让亿万孩子同在蓝天下共享优质教育资源，促进教育公平，提升教育质量，正是爱学堂的致力追求。借助清华资源，加上新技术，从而产出新内容，形成对学生有吸引力的课程资源，为教师减负，利用教研支持帮助教师更好地提升资源应用效果，这是爱学堂在设计创新资源应用时所做的配套规划。

2020 年 1 月应教育部要求，清华附小承担了网课平台小学阶段全部课程的教学任务。从 2020 年 2 月 17 日开始，232 名一线骨干教师在线授课，共推出 816 节课，直播至全国各地。截至 2020 年 5 月 22 日，直播及点播的总播放量达 6.54 亿人次。在优质教育资源不足，教育不公平的背景下，这是互联网技术进入教育行业最大的价值体现——让全国更多的学校、教师和学生亲身体验到如何用互联网直接学到全国乃至全世界最好的课程，有可能会加快我国教育改革和教育公平的推进。

2.创新资源应用促进教育公平与优质均衡发展

为了有效解决内容创新，利用新型资源应用促进教育公平，提升学生学习兴趣，为教师真正地减负增效，爱学堂从资源入手进行新型研发。研发之初，研发团队走访了近百所学校，采访了 8000 多个孩子，拍摄了 200 多个孩子视频画面。当问到孩子们最喜欢什么样的课堂时，90% 以上的孩子回答："希望学习能更有趣味一点。"爱学堂决定以孩子的视角来制作课程，尝试过名师录播短片、知识点小电影等各种形式，最后才发现用动漫人物虚拟老师是一个让孩子们尖叫的形式。

爱学堂从 2014 年开始做更适合学生线上学习的教育内容，用科技的力量创新教育内容，赋能教育发展。截至 2022 年年底，爱学堂上线的动漫课程资源已涉及中小学的全部学段的主要学科，已投入近5亿元自主研发适合学生线上学习的教育内容，已拥有自主知识产权的动漫微课达6000多节，基本涵盖中小学全部课程，能适配全国不同版本的教材。

"爱学堂·动漫微课"对传统的课程进行了升级，将趣味性和有效性深度融合，让枯燥难懂的知识点更鲜活、更有生命力，实现寓教于乐，课程全部采用"名师知识脚本+电影制作工艺"，每节课3~7分钟左右，更能激发"00后"孩子们对学习的热爱。

相比传统的名师录课，通过动漫的形式做课程的难度更大。一个体制内的名师先提供一个知识脚本，再由一个懂互联网、懂教育的产品高手把脚本改成孩子们喜爱的剧本，整个过程都在导演的设计控制中。最后由美术师一帧帧手绘，并加上专业配音。片子完成后，很多老师会聚在一起"审片"，只有审核通过，才会最终呈现给学生。

做这样一节课程，7个人差不多要用1周的时间，每节课成本为3万~5万元，成本高得吓人。但爱学堂认为只要能激发学生的学习兴趣，就要不计成本地作出精品课程。不出所料，动漫课程一经推出，便收获了视频网站百万点击量和孩子们无数的点赞。

爱学堂最初的想法是，好产品就应该直接面向C端。早期爱学堂采用的是小米高性价比模式，投入超亿元的课程，一年只要365元，每天花1元钱，学生就可以享受到由清华附小、清华附中名校教师提供教研、再由后期精心制作的优质课程。一次偶然的机会，一位深圳的老师在看到爱学堂的产品后非常激动，立即询问能否把这个产品授权给他，让他在自己所在的学校课堂使用。他的理由很简单："你的产品足够好，我去使用，效果一定比只让学生使用效果更好。"这句话对爱学堂的管理者产生了很大的启发。

这个逻辑太容易想通了，用户群体不同，决定了商业模式的不同。有些用户群体天生自带信任属性，比如说患者本身相信医生，学生相信老师。在此之后，爱学堂用自己的产品在深圳几十所学校做了小范围验证，发现通过学校的推广远远比在C端推广要快，使用频率更高。

爱学堂负责人认为："体制外很难进入体制内，根本原因是体制外只是作为体制内的补充存在，体制外的在线教育思考更多的是如何解决家长和学生的痛点，很少能站在体制内的角度上，思考他们的痛点。"

2015年，爱学堂战略延伸至B端校园市场，并迅速引起业界关注。之所以能够快速打开局面，除了清华大学的强大资源支撑，爱学堂的产品基因起到了重要作用。

第一，产品为王。传统的教育信息化市场主要是集成型业务，但在互联网时代，用户更关注的是产品质量和使用体验。因此，教育信息化市场将演化为各细分垂直领域的局部战争，而在各细分领域内最优秀的产品将最终占领市场。

第二，关注用户。爱学堂的核心业务，源于名校名师一线教学经验的总结和多年教育研究成果的提炼。以此为基础，在课程设计上，由教育学专家和专业的技术团队专门研究了不同年龄段学生的学习习惯、专注度、兴趣点等，在应用场景设计上，非常在意学生和老师的使用体验。因此，爱学堂高品质的动漫微课可以无缝嵌入目前学校教学的各个环节。爱学堂的产品形态与商业模式,不同于传统的教育信息化公司,爱学堂为自己开辟了一条全新的赛道。

2016年,在校园市场捷报频传的同时,爱学堂将注意力从学校转向了区域教育高质量发展的国家政策号召的新领域。各个学校的实际应用成效,既为爱学堂带来了很好的口碑,也为其他线上教育平台树立了一个个示范样板。这也为爱学堂切入区域市场奠定了坚实的基础。对于各地的教育行政主管部门而言,最尴尬的问题是,区域平台建设投资巨大,但真正见效的平台类项目却凤毛麟角。而爱学堂的一个个校园应用案例,让教育行政主管部门切实看到了实效。

3. 从"内容升级"到"课堂革命"以提高学校质量

从"内容升级"到"课堂革命",爱学堂研发的未来课堂教学系统把新技术应用到教学全过程,把"千人一面"的课堂变成"千人千面",从过去以教师为中心、知识灌输为主的教学模式转向以学生为中心、主动学习为主,让"教与学"发生深刻变化,进而强化课堂主阵地的作用,实现学校教育的互联网化和数据化。爱学堂还和清华附小联合成立了"清华附小互联网学校",把"'清华资源'(动漫微课+教学素材)+'清华经验'(教学模式+教育理念)+'清华成果'(互动教学系统)"全部赋能给区域学校,探索面向未来教育的新模式。

从国家政策上看,力推在线教育促进教育公平,这是天时;源于清华的优质教育资源,可称地利;爱学堂团队以用户为中心的互联网基因,可以说是人和。爱学堂作为学堂在线的基础教育频道,同时又是教育部在线教育研究中心的成果应用平台,既能够获得行政支持,又具备市场竞争的活力,这种"一体两翼"的模式是国内其他在线教育企业不具备的发展模式,也是爱学堂所独有的发展模式——天时、地利、人和,爱学堂打造了一条自己的专属赛道,而且,这是一条准入门槛相当高的赛道。

如果说体制内是海洋,体制外是天空,爱学堂的未来就将是一艘航空母舰。爱学堂定义了新的产品形态,塑造了新的教育生态,正引领国内在线教育市场进入新时代。

4. 用产业互联网模式促进区域教育发展

教育产业的未来,特别是智慧教育的发展需要应用产业互联网模式。尤其在国家战略和人民需求的双重驱动下,正在提速产业互联网模式在教育产业中的作用。

随着互联网的变革,学校、课堂的授课方式也在随之改变。过去几年时间里,全国都在大力推广教育信息化,教育部也出台了信息化工作重点和"教育信息化2.0"的建设,学校从教学形式、管理模式到学习场景都在将信息化作为新时代教育的最佳方案。"互联网+教育"应该是互联网技术与线下教育场景真正融合,而不能以互联网的名义,还让学生用传统的形式上课。

爱学堂倡导的产业互联网模式,简言之就是为政府导入优质基础教育资源;为学校搭建普惠共享型互联网学校;为师生们提供随时随地教与学平台。爱学堂倡导的产业互联网模式,目前已经实现了"三位一体"的创新解决方案:以"大数据为驱动的智慧教育云平台+匹配系统的学科教育内容+人工智能技术=以学习者为中心"(图3-5)。

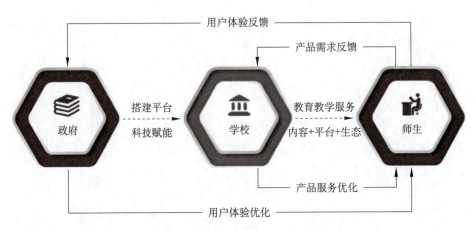

图 3-5 "三位一体"的创新解决方案

爱学堂团队希望解决两大问题：在国家战略层面，促进教育均衡，为区域搭建教育资源和应用服务平台，通过扩大优质教育资源的覆盖面，促进教育公平；在人民需求层面，通过科技手段提升教学效率，创新课堂教学模式，从而提高教育质量，为教育强国助力。

"第一，今天，优质的教育资源可以覆盖到新疆、西藏，这是公平；第二，互联网提高了教学的效率和学习的效率，促进了教育的有效性；第三是有趣，在线教育让学习变得更好玩，这也会变成互联网对教育下一波最大的影响。"爱学堂主创团队表示，2013年在线教育兴起到现在，K12的变革才刚刚开始，而新技术对教育的影响也在不断加速中。

截至 2023 年 12 月，爱学堂已经与北京市的部分区县、深圳市罗湖区、成都市武侯区、新乡市、乌鲁木齐市等全国 30 个直辖市、地级市以及 70 多个区县达成战略、平台及课程资源等合作，为清华附小、北京首师大附属育新实验学校、北京市朝阳区润丰学校、郑州市外国语教育集团、山东省胶州市十一中学、广西壮族自治区防城港市实验小学等 2 万多所学校、500 多万师生提供课程平台及创新教育服务。

三、慕华成志推动教育数字化转型与教育新基建应用的探索

（一）推进教育新基建的实效性建设

为更好地推进教育项目的实效性建设，在策略上，慕华成志以教育新基建行业背景为契机，以清华在线教育创新项目的资源积累和研发沉淀为基础，推出围绕"爱学云"大平台的应用体系（图3-6），项目包含"学堂教师宝"教师智慧教学平台、"爱学堂"学生自主学习平台、"未来课堂"深度课改平台。通过科技力量创新教育，主动服务国家战略，积极构建优质、均衡的教育服务体系，为学生提供个性化学习产品，为教师提供智慧教学系统，实现教师"精准教"、学生"精准学"，以促进区域发展公平而有质量的教育。

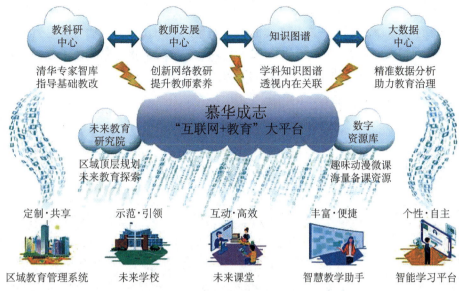

图 3-6 慕华成志"互联网＋教育"大平台

1. 平台体系新型基础设施——"互联网＋教育"大平台

教育新基建提出要构建互联互通、应用齐备、协同服务的"互联网＋教育"大平台，促进教育数据应用、推动平台开放协同。慕华成志构建的爱学云"互联网＋教育"大平台，一方面，提供教育督导、教育评估，利用大数据进行精细化管理；另一方面，数据看板功能自动更新、滚屏，对教学管理质量实时监控。

慕华成志依据决策支持、学情监测、适应性学习、学业评价、学习预警、深度学习行为诊断、学生画像七大模型，构建驱动教育政策科学化、驱动教育评价体系重构、推动区域教育均衡发展、助推学校教育质量提升、促进师生个性化发展五大应用模式，有效支持区域教育的精准供给，不断调整区域教育均衡发展的方向和力度。

2. 数字资源新型基础设施——构建立体化教学资源

慕华成志自主研发以动漫微课为核心的立体化数字教学资源体系，可灵活应用于课前预学、情境导入、知识扩展、复习总结等多种教学场景，基本覆盖义务教育阶段语文、数学、英语、物理、化学等五大学科所有知识点，并持续研发生物、地理、历史、科学、道德与法治等学科微课以及足球、道德教育、安全教育、中华传统文化等特色课程，满足课后服务和校本课程活动等场景的拓展需求。此外，还提供标准化的PPT课件、导学案、试题试卷以及音频、名师录播课等其他资源，助力教师开展信息化融合教学。

3. 创新应用新型基础设施——打造智慧教学平台

慕华成志基于资源、平台、服务，打造智慧教学平台——"未来课堂"。"未来课堂"应用线上线下的混合式教学模式，整合了在线学习和传统课堂学习的双重优势，重新定义"教"与"学"，充分调动学生积极性，有效提高课堂教学效率。

为更好地指导和服务一线的应用成效，基于对教育的理解，借助慕华成志的专家智库团队，慕华成志开展了以教研为切入点进行混合式教学模式的重点探索，通过技术赋能教育，促进课堂教学的深度应用等走入一线客户学校进行教学指导与公开课的示范，在实践中获得了很好的反馈效果。

经过多年的实践，慕华成志核心团队有了基本的统一认识，他们认为平台和技术并不是关键点，解决用户痛点的软实力提升与应用成效才是关键。慕华成志也借助未来教育研究院的学术力量正推动技术与应用的有效衔接及深度融合。

（二）提升教育数字化转型应用能力

为更好地服务客户，提供更接地气的全方位解决方案，慕华成志推出了以学、教、互动、治理、评价为核心进行教育数字化转型应用的整体规划与综合设计方案（图3-7）。

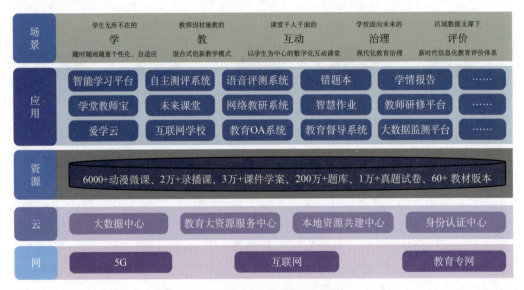

图3-7 教育数字化整体业务架构图

其中，通过课题引领提供线上线下相结合的混合式教学与教研专项服务，联通教、学、管、考、评等相关业务单元。依托教育云平台，充分发挥名师引领带动作用，开展校本化教学设计网络共享活动。以工作室为依托，积极开展听课、评课、研讨、培训等活动，通过集体备课、送教下乡等形式，使名师资源得到大范围共享，带动片区、学校教研工作有序、有效开展，营造良好的教研氛围。

比较有代表性的是慕华成志的"未来课堂"混合式教研活动。在已有优质资源的基础上，首创"'3+5'混合式教学模式"，"三段"是指"课前、课中、课后"整个教学环节；"五模式"是指利用"传递—接受教学模式、主题探究教学模式、基于问题教学模式、小组合作教学模式、翻转课堂教学模式"开展课堂教学。同时，编写《未来课堂混合式教学指导书》和开展教科研培训，帮助教师更好地应用教学资源和教学平台。

比较典型的案例是2019年，龙华区引进慕华成志"未来课堂"深度课改平台，在7所学校初中学段开设创新实验班，涵盖语文、数学、英语、物理、化学五大学科，以现代教育科技为工具，为学生提供丰富的优质学习资源，打造实体课堂和虚拟课堂相结合的混合式教学模式，切实提升课堂教学效率和教育质量。

"龙华创新实验班"是深圳市龙华区首批混合式教学改革实验项目，也是龙华区践行混合式教学理念，以教育信息化助力教育教学改革，对未来学校的一种积极实践探索。项目依托清华大学"光谱式"混合式教学理念，采用"局部示范、探索模式、循序渐进、逐步迭代"的原则，充分鼓励教师根据学科核心素养育人目标、学情开展灵活的混合式教学。

在教育部在线教育研究中心基础教育部的指导下，清华大学人文学院人文教育发展研究中心联合慕华成志共同发起设立"全国未来学校"专项研究课题，清华大学教育研究院长聘副教授李锋亮担任总课题负责人。课题推动学校形态变革和全方位改革创新，系统研究国内国际已有的教育教学探索和改革创新的经验。

（三）数据驱动促进高水平治理能力

为满足区域教育局、学校对教学情况实时监测及管理，慕华成志专门打造了"未来课堂大数据看板"，实现对教、学可视化大数据分析，实时展示分析创新实验班整体教学情况。"未来课堂大数据看板"按照学校维度、教师维度、教学活动维度进行了统计和分析，实时更新，适合在区域教育管理监测中心设置大屏幕播放，自动更新，及时掌握学情（图 3-8）。

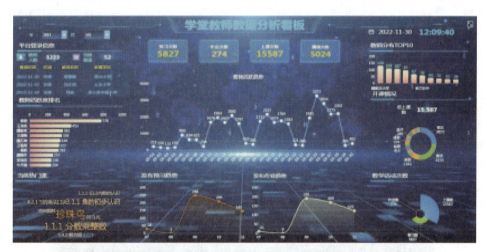

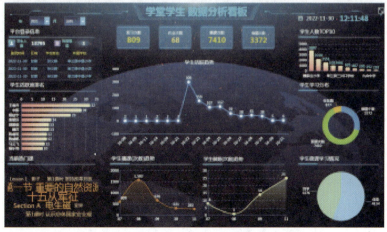

图 3-8　未来课堂大数据看板

在提升"教育治理能力"方面：构建"基于数据说话"的教育治理方式，通过大量教育数据的采集、处理和分析，形成大数据看板，规范区域教育大数据的平台建设及数据治理。对于教育管理者来说，平台是进入教育管理系统、大数据中心、资源中心的入口，可进行管理、数据统计、信息发布等。

在推动"教育决策能力"方面：根据学校发展、教师发展和学生发展的整体情况进行数据监测。平台帮助学校科学运用信息化工具开展管理和教学，提供"精准管"和"精准教"的教育决策智能支撑，有效支持区域教育的可视化，以数据治理驱动区域和学校管理模式创新。

在增强"教学服务能力"方面："创新实验班"项目学校通过大数据驱动教学创新，平台根据每个学生独特的学习反馈和数据，帮助教师激发每一位学生的自主学习意识，灵活调整教学形式，制订个性化的教学方案，为学校教育教学提供辅助服务。

第二节　探索科技与教育深度融合之路

当前，人类已进入智能社会的时代，以人工智能、大数据、云计算、知识图谱等为代表的先进技术正推动着"互联网＋教育"的全面发展，教育3.0时代正逐步兴起，人工智能也在多个方面深刻影响着我们的工作、生活和学习，社会各行各业每天都发生着不可逆转的变化。在科技与社会大环境的影响下，教育的定位、模式、目标、能力框架等均有了新的内涵，科技赋能教育在回归教育本质的基础上必定要回归到个性、公平、开放、绿色、智能、灵动、责任等教育的时代本位上，由此也形成教育新样态和教育新场景。教育的走向也必然向着个性化、均衡化、高质量等方向发展，每个人都有自己的梦想与发展定位，每个人都有自己的阶段性学习任务及终身学习的环境需求。智能时代让人有更多选择，让人获得最适合自己的发展，从而应对由社会变革中很多新变化带来的不确定性因素的冲击。

以科技创新与数字化转型为契机，以加快推进教育现代化为突破口，以助力区域教育高质量发展为目标，创新推进教育数字化建设，探索科技与教育的深度融合，以教育引领促进形成教育、科技、人才综合发展的区域新样态。

一、慕华成志探索科教融合的实践与思考

当今时代正处于科技与教育两个重大领域的融合交汇点。科技进步既体现在教育改革与发展的理念革新上，也体现在教育教学实践操作中；教学场景的不断变化，教学需求的不断涌现又给科技进步提出更多的研究领域与方向。结合慕华成志教育的过往探索经验，通过对科技发展的基本趋势进行研判，科技与教育的深度融合需要在各教育场景中按照"社会需求—科技融入—变革演化—全员参与"四环节有序推进和迭代发展。

为更好地剖析未来学校与未来教育改革的理念与创新方向、方法和现实困境，慕华成志提出基于社会需求、科技赋能、教育变革和全员参与科教融合发展的探索途径，进行了四个维度的深入研究。

（一）教育场景定义教育新需求

在党的二十大报告精神指引下，教育部将大力推动国家教育数字化战略行动作为工作的重中之重，深入贯彻落实"联结为先、内容为本、合作为要"总体战略，进一步明确方向、统一步调，集中推动数字化建设各项任务。借助物联网等信息技术开发数据采集系统，横向打通教育数据共享、纵向勾勒学生数字画像，支持学生个性化发展，监督教学质量，科学、客观地开展教育评价。

各种科技创新正推动人类社会迈向智能时代，这也给人们工作、生活与思维方式都带来根本性影响。一是人们工作、生活状态与教育场景不断丰富重塑，科技进步不断催生新业态、新模式，极大地拓展了人们的思维模式、教学形态。譬如自2016年11月起，慕华成志与友成企业家扶贫基金会达成合作，以互联网为手段，以偏远贫困地区的青年教师为服务对象，为其开放智慧教育平台，共享以"动漫微课"为核心的优质教育资源，并提供系统性的教学培训，助力乡村教师提升教学水平，推动乡村教育信息化发展。二是当下的社会环境正受到新技术持续性、全方位的渗透，科技与教育的关系呈现出新融合产生的联动、交融、共生。

在2022年7月国家网信办发布的《数字中国发展报告（2021年）》中，我国所有中小学（含教学点）全部实现联网。互联网在未成年人学习过程中扮演的角色愈发重要。根据《2021年全国未成年人互联网使用情况研究报告》显示，未成年网民在网上从事学习活动的整体情况（图3-9），可见互联网学习在目前扮演着重要角色。

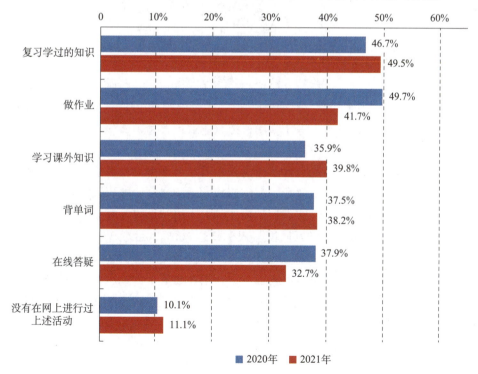

图3-9 未成年网民在网上从事学习活动的整体情况

新的学习场景通过各种平台不断产生，按照特定时间、空间、人物和事件等要素可进一步分解：按时间划分，可分为课前、课中和课后等；按空间划分，可分为社会、学校、家庭和虚拟空间等；按角色划分，可分为学生、教师、家长、教育管理者和教育研究者等；按事件划分，仅就学习活动而言，可分为集体听讲、小组研讨和个体自学等。对这些分解后的要素进行排列组合，可以与教、学、考、评、管等环节中的某一具体场面相对应，进而清晰地刻画出全覆盖的教育场景图谱。在新的教育信息化进程中，根据教育主体、教学环境和信息化基础设施的现实情况，准确描述、表征和建构具体的教育需求场景，切实发挥新一代信息技术优势，并在应用过程中持续优化、有序迭代，促进教育系统整体革新。

（二）科技融入是科教融合的核心

长期以来，教育、社会与科技的发展存在一个相对的闭环，可称其为"内驱轮"（图3-10）。

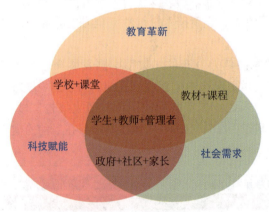

图3-10　教育、社会与科技的关系图

从图3-10可知"教育"领域培养的各类人才输出到社会中，各行业创新人才联合推动社会新发展，发现新需求，进而利用科技赋能解决教育领域和社会各行业涌现的新需求。在这种"内驱"式运转下进行迭代发展。新一轮科技革命正推动社会快速转型，社会转型后的全新社会发展格局引发了新的人才需求，并推动教育教学环境与教育系统行为的重塑。当为真实教育需求适配了相应的技术服务之后，即可以理解为科技赋能教育，进而促进学习空间、教学方式、教学模式和教学组织形式等发生全面变革。目前在变革学习空间方面，全国中小学互联网接入率已达100%，且形成了远程专递课堂、网络空间教室和异地同步教学等；在变革教与学方式方面，形成了翻转教学、双师课堂、移动学习、游戏教学等；在变革学习内容方面，逐步建成了国家级和省市级中小学智慧教育平台、各地在线课程资源库、各出版社数字化教材等。这些都充分保障了科技重塑未来教育生态系统的基础发展。

（三）实践与变革是演化发展的必经之路

在科技融入教育的进程中，必然会出现各种即时性棘手问题。实践和变革是演化发展的必经之路。由于人们在特定教育场景中使用数字化、科技工具，对学生成长、教师发展和学习环境等方面进行赋能。一是服务于学生的适应性成长。科学技术通过拓展学习空间样态、资源形态、配送路径、学习方式等，个性化配置资源、支持适应性推荐、增强互动体验、引导社会参与和开展智能测评等途径促进学生发展。二是助力教师的专业发展。一方面，科学技术支持平台应用、资源有效推送、差异化教学、精准教学组织和人机协同发展等；另一方面，服务教师自身专业发展，更新教学理念，提升综合素养。例如，慕华成志研发了教师宝、未来课堂等平台，利用技术促进教师从入职跟岗学习、教学资源利用、动漫微课组织、课堂有效衔接等场景与体验到贯通区域教师通识学习、个性化培养和教师专业发展，并以大数据平台实现教师发展数据全程流动。三是支持学习环境的智能升级。利用科学技术搭建智能互联的未来学习环境，创设虚拟现实与真实情境，实现学校、家庭、社会各种教育场景全融合，为学生提供跨场域的连通、多情境性深度体验。在科技赋能下，这种下沉到一线的实践与变革，都需要不断地实践、演进，进而形成线上线下融合、智能互联、人机共融、无边界的未来教育新样态（图3-11）。

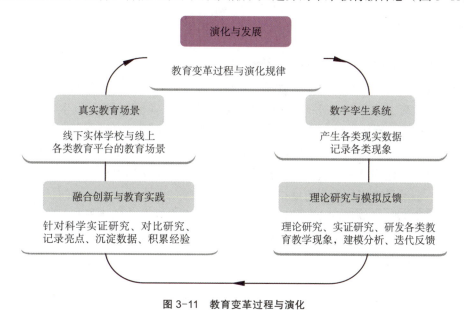

图 3-11 教育变革过程与演化

（四）系统变革需要全员参与有序推进

教育变革必然有全域性与复杂性，教育测评有多尺度性，教育主体有差异性，教育环境有多样性，教育活动组成因素有多变性，以及由此带来的教育活动过程具有动态发展与教育结果的不确定性，这都需要进行系统变革、全员推进。当前存在的诸多关切已久却未能得到彻底解决的现实诉求，一是新教育理念不断涌现、新教材动态匹配机制难以快速跟进，各地教育发展不均衡也加大着这种差异化。二是全体学生核心素养提升的问题。当前核心素养理念的实践落地是教育界所面临的共同困境，特别是创新能力培养更是国之大计。探索一条切实有效的实践路径，是众多教育者关心的重点课题。智能时代的教育场景提供了多元化、多维度、多渠道的研究课题来源，也克服了样本偏差问题。通过多地域人群参与，第一，可以解决教育公平问题，即不同地区、人群和阶层之间享有科技带来的平等、便利;第二,是风险问题,即技术平台由于功能、模块、应用变得日益庞杂,各种技术应用、场景切换、研究对象变换等都会导致难以预料风险。例如,个人在教育教学中产生的隐私信息泄露问题、技术模块的个人使用习惯、网络环境及软硬件差异等,这些都需要全员参与,有序推进。

教育作为社会日常运转的重要组成系统,利用科技可以实现大规模、多模态、跨领域的实时教育数据采集、集成分析并可视计算,支撑教育智能决策,助力"凭借经验的粗放管理"向"依靠数据分析的科学治理"转变,进而形成安全、高效、有序的教育治理环境。新一轮科技发展远超传统的科技革新速度,对社会发展与教育变革的影响也远远超出人们的预期,这对教育提出众多新的挑战和新的需求。新时代已经出现了以慕华成志为代表的众多科技与教育融合的产品、业态。新一轮科技革命以人工智能、大数据为重要驱动力,以学生终身学习力、区域教育的科学治理、学校教育生态的规范有序为主要目标,利用新技术助力形成精准化、精细化、高效化、现代化的教育服务机制。

二、创新教育内容,激发孩子们对学习的热爱——动漫微课

慕华成志自主研发了1至9年级义务教育阶段动漫微课为核心的立体化数字教育资源。动漫微课全面覆盖小学语文、数学、英语、科学,以及与核心素养紧密相关的道德教育、安全教育、体育教育等;初中语文、数学、英语、物理、化学、生物、政治、历史、地理,以及提升学生创新能力的物理实验、化学实验等。

习近平总书记多次强调,课程教材要发挥培根铸魂、启智增慧的作用,体现中国和中华民族风格,体现国家和民族基本价值观,体现人类文化知识积累和创新成果。慕华成志在每一节动漫微课的课程打磨中,都以中华民族的基本价值观为方向,充分体现每个学科的人文精神和创新精神,不仅给学生提供了自主学习的优质资源,培养了学生自主学习的能力,而且开阔了学生的视野,提升了学生的创造性思维和批判性思维。

北京师范大学余胜泉教授说:"未来的学习方式将从以知识传递为主向知识建构与知识创生转变。从老师讲、学生听、模拟考试这种教育范式,到老师精心设计问题、准备资源、设计学习活动、设计评价、准备学习工具,一步步引导学生在解决问题的过程中学习。"[1]动漫微课为每位老师提供了精美的视频资源,帮助老师减负增效,留出更多的时间进行课程设计,培养学生自主解决问题的能力,让学生对知识体系进行自主构建。教师在整个课堂教学过程中所扮演的角色,不再是一个绘声绘色讲授知识的"讲师",而是变成了一位引导启发学生学习思考和共同参与课堂活动的"学习工程师""活动设计师""实践动议师""综合评价师",让孩子站立在了课堂正中央,让学习者真正成为学习活动的中心。学生在感知、体验、积累和运用的实践活动中,学会沟通交流、自主探究、合作互助、自我管理。

如何打磨出"令孩子们尖叫的产品",如何将孩子们注意力吸引进学习场景中?爱学堂结合孩子们熟悉的互联网元素,将知识点制作成几分钟的动漫微课(图3-12)。国家教

---

[1] 余胜泉.智能时代的学校课程变革,要用心倾听技术与未来的声音.搜狐网,https://www.sohu.com/a/510596179_177272,2021-12-22.

第三章　社会参与未来教育发展的创新模式

学大纲＋清华名师脚本＋电影工艺制作，有效激发孩子的学习兴趣与学习主动性。动漫微课活跃在慕华成志的各产品线中，重新定义智慧教育产品生态体系。

制作流程
Production Process

精益求精，一节微课分八步

课程大纲|教研组　　编剧修改|教研组　　　　分镜设计|导演组　　动画设计|技术组

文字脚本|教研组　　脚本配音|导演组　　　　手绘设计|技术组　　质检修订|质检组

图 3-12　动漫微课制作流程

通过以动漫微课为核心的立体化数字教育资源服务项目的落地实施（图 3-13），学校可以将教育信息化技术和数字教育资源更好地融入教与学的全方位和全过程，提高课堂效率，逐步推动以知识传授为主向以能力素质培养为主的教学方式转变、以知识传授者为中心向以学习者为中心的学习方式转变，最终实现以信息化引领教育理念和教育模式创新，发挥其在教育改革和发展中的支撑引领作用。

图 3-13　以动漫微课为核心的立体化数字教育资源服务

慕华成志以学生视角设计课程，将书本知识和动漫人物进行有机结合，紧跟学生关注的热点和兴趣点，让学生体验知识美好的同时，改变了原有的学习方式，养成了自主学习的好习惯。在 5G+ 教育时代，在线学习"车道"变宽，"车速"变快，学习必须要"进化"！动漫微课借助 5G 技术的发展东风，真正实现了以学习者为中心，在任何时候、任何地点、任何设备下都能愉快地进行个性化学习。

三、构建互联网学校，随时随地个性化教学——学堂教师宝

慕华成志以创新学习方式为主要变革目标研发教育产品。创新学习方式以理解前人知识基础、掌握前人知识方法，以应用、发展知识为目标，注重知识发展性，在提高应用能力的基础上培养创新能力，讲究"温故知新""推陈出新"。建立合理的知识结构、提高应用和创新能力，注重获取新知的方法，注重分析和解决问题的实践能力，把学习能力、实践能力、创新能力视为衡量学习成果同等重要的标准。

教师可以基于学堂教师宝开展创新性教学。学堂教师宝有海量的教学资源（包含备课包、资源选择、任务发布、任务查询等功能），教师利用这海量资源挖掘知识产生发展过程，获得丰富多彩的、生动活泼的、不断发展的知识体系。由于传统教学过程重视结论性知识的传递，方法性知识难以很好地培养。采用三学模式，课前学习自主进行预学，完成学习任务单；课中开展探究式学习，提高探索和研究的能力；课后继续延伸拓展，深刻掌握课程内容。

教师可以基于学堂教师宝开展高效学习评价和班级管理功能等，这些功能实现了学生基于课堂云平台的无固定"端"学习，教师随时随地用计算机+投影就可以开展课中教学。这既方便了学生的学习场景转换，也便利了教师的工作开展。通过数据中心教师能准确看到课前学习任务单完成情况，课中学生讨论管理，课后学生成绩管理等。

教师可以基于学堂教师宝加强数字化校本建设。数字化教材，即以各种数字形态存在、可装载于数字终端阅读、可动态更新内容、可及时记录交互轨迹的新型学习材料，如课件、教案、视频等。数字校本资源建设是撬动学校课堂特色教学的重要基础，其重点在于探索新型教材建设标准和知识体系编写规范，研发新型教材互动设计与编辑工具，建设知识图谱、支撑平台和实例教材等，探索基于各种应用场景的数字化教学新模式。基于学堂教师宝的资源平台，教师可以有效收集学生错题记录等，汇编成错题本；有效收集学生讨论的疑惑点，汇编成教学重难点破解手册。

学堂教师宝在教师备课、资源共享、监控学情等功能覆盖了教学各环节，尤其是教学资源上，清华基础教育专家负责顶层设计，爱学堂教研团队给以专业支撑，教师所需的微课、PPT、学案、题库等资料，都可通过备课包功能一键汇总使用，省去了大量的准备工作。同时，学堂教师宝可以实现师生在线教学同步课堂互动，为教师探索基于"混合式教学"范式的各种教学模式创新，打造在线教学闭环。

四、升级教学模式，让因材施教成为可能——未来课堂

未来课堂是一个实体化、智能化、交互化程度都很高的课堂空间（图 3-14）。这一

课堂空间包括了许多具体设备，如计算机、扬声器和互联网等硬件设备，还使用诸多可视化工具，如思维导图、交互式电子白板、云平台数据展板等，从而营造出了一种思维可视化的教学环境。在国家进行教育数字化转型中，基于未来课堂的教学，可以抓取教学全要素、全流程、全业务、全领域的各种数字集，进而提升学生、教师、管理者及家长等的数字素养与技能，以数据变化驱动各种教学变革，为各类决策、服务、创新提供基本保证。

图 3-14 未来课堂演示图与产品操作手册

教师可以基于未来课堂开展高效互动学习。互动就是未来课堂的灵魂，也是未来课堂最鲜明的特征。慕华成志引入虚拟现实技术、高灵敏触屏技术和手势识别技术。提供增强师生互动性的"加速器"——平板电脑、触摸屏可以让教师的指令瞬时且近距离地呈现到每个学生的眼前，也能让每个学生的即时练习情况快速反馈给授课教师，从而大大提升了课堂效率。未来基于各种技术整合的学科教学知识也会越来越多地融入未来课堂平台。慕华成志未来课堂强调技术与教学相融合的互动课堂，对信息化课堂中所包含的教师行为和学生行为进行分析，包括以下三个方面，一是强调双边互动。慕华成志未来课堂中，为了达到预设的教学目标，课前教师需要发送学习任务单，便于学生课前预学；课中教师组织各项教学活动，针对目标进行课中共学；课后结合本次课的难点或一般性的问题点，设定课题让学生课后研学。二是教师层面。未来课堂关注教师在信息技术支持下，运用技术手段在课堂教学中实施内容展示、师生互动、课堂导学、学习促进、活动组织、资源获取等行为。三是学生层面。未来课堂关注学生在信息化教学中所使用到的技术工具。按照运用平台功能、熟练度和目标的不同，可以培养学生探究、沟通、表达、管理等综合能力。

教师可以基于未来课堂实施各类丰富教学方案。如果说传统的课堂教学模式是以教师讲授为中心，那么慕华成志未来课堂的教学模式是以建构学生认知为中心。学生需要在未来课堂中培养多方面的能力，比如情绪调节能力、批判性思维能力和独立思考能力。由于传统学校教学很难有各类合适资源灵活穿插于教学过程中，未来课堂则可以快速便捷调用资源，针对教学目标组织教学，如新技术 AI 模拟宇宙、ChatGPT 列出某些问题的解决方案等，这有助于实施各类丰富的教学方案，培养符合未来社会需求的人才。

教师可以基于未来课堂构建智联教学环境。学校作为未来的学习中心依然存在，但多样化的学习和教育实验将成为常态。慕华成志未来课堂创设智能化学习环境，实现学与教方式变革、支撑智慧教育发展的基础。就学校教学环境数字化转型来说，优化和升级各项基础设施、硬件设备、网络条件、智能工具、学习平台等，建设智慧校园、智慧教室和智慧生活场所，打造时空和教学深度融合以及上学时与放学后、线下和线上虚实融合的智能学习空间，推进场景式、体验式、沉浸式教学流程的教学测评管环环相扣；打通学校、家庭和社会之间的数据信息壁垒，促进教育数据的全方位挖掘和整合，利用学习分析、教育数据挖掘等手段，改善教学服务供给与学习需求的匹配度，实现精准推送，培养德智体美劳五育并举的未来人才。

教师可以基于未来课堂实现无边界学习。经济合作与发展组织（OECD）于2020年发布《未来学校教育图景》报告，描述了未来20年学校教育的无边界学习。这在慕华成志的未来课堂平台很多功能都予以实现。在提升教育数字化治理水平的当前，传统教室、多媒体教室都还是单一地点和场景的教学环境，不同场域的教学过程还是会出现割裂，如教与学交互不足，学习数据难以追踪，慕华成志未来课堂的迭代升级已逐步实现数据智能化共享、设备即时协同，使学习环境能自适应自优化地运行，让学习更轻松、更投入、更有效（图3-15）。

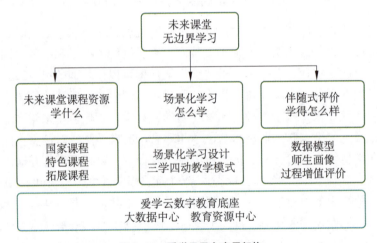

图 3-15　爱学云平台应用架构

五、探索面向未来的学校，为"2035"提供学校样板——共建未来学校

（一）慕华成志推动未来学校建设的核心理念

1. 未来学校建设的研究背景

2020年世界经济论坛报告中提出"未来学校：为第四次工业革命定义新的教育模式"。重新定义学校、课堂、教师、教学，以及重构学校管理流程、重建学校发展生态等都是当下的时代命题。

基于教育变革，遵循教育规律，研究经济和社会发展需求，关注世界变化，满足能力素养通识教育，构建新型社会契约，坚定扎根中国大地办教育等原则，以学习者为中心，一切为了学生的成长，培养面向未来社会变革的各类人才，构建适应学生个性成长的教育供给体系与服务支撑保障体系……

未来学校建设需要专家智库引领，需要体系化支撑服务，需要名校实践基地示范协同，需要流程再造，需要优秀校长驻校指导，需要校长与核心团队的理念同步，等等。由此，慕华成志服务于未来学校建设的管理咨询专项服务诞生。

在《中国教育现代化2035》发展战略的指导下，为更好地研究"促进教育公平与质量提升"的时代命题，全面贯彻新发展理念，坚持创新驱动发展，探索教育治理与教育服务的灵活机制，慕华成志通过专业能力与独特资源支撑建立起与地方政府的合作机制，构建未来学校管理咨询服务体系。

慕华成志通过高端资源引入、顶级专家引领、专业技术支撑、执行校长与专职顾问团队入校、服务支持体系建设等多种方式提供融合共建的管理咨询服务，打造区域高品质的标杆学校，成为区域领先、有全国影响力的未来学校典型案例。

此前，慕华成志深度参与深圳市罗湖未来学校和贵阳观山湖未来学校（贵阳市观山湖区第十三中学）的建设，与首师大附属育新学校共建首师大育新未来学校，与郑州外国语学校平原校区探索未来教学新范式，与清华附小共同建立成志教育实践基地等，通过教育技术赋能、管理人才输出、专家智库引领的专项管理咨询服务，实现未来学校建设的新机制、新形态与新变革。

慕华成志采用高校专家学者、区域教育管理部门、一线学校协同的创新机制，将"大学—政府—中小学校"合作的"UGS模式"应用于教科研课题研究、区域高质量教育体系和未来学校建设发展中，使理论研究与教改实践紧密结合，真正落地"以研促教"，让未来学校落地成为可能。

2. 共建未来学校的核心理念与服务模式

学习者学习意识的更迭使原有的教育模式不能适应和满足新型需求，全球范围内教育形态正在飞速实现升级换代。因此，作为教育主体的学校功能也在从封闭、单一、固定的低阶模式向更加开放、灵活、个性化的高阶模式转变。

从未来学校的内涵分析，以学习者为中心，支持大规模因材施教，实现绿色、智能、多元、融合的教育教学生态发展，是未来学校建设的主要诉求。

依据未来教育理念，结合社会上各类专家对未来学校的各种解读及学校实践，在融入清华科技支持体系的助力下，慕华成志确立了与区域共建未来学校的核心理念，即以学生成长为中心，以育人目标为导向，激发学生对学习的热爱，激发教师的工作激情，构建一种稳态的未来学校高质量发展服务机制。帮助教师在成就自我中成就学生，以学生成长来唤醒和启发家长，以学校活力与内涵品质来推动教育高质量发展。

由此，慕华成志确立了自己的配套服务模式，即采用高校专家学者、区域教育管理部门、一线学校协同的创新机制，将"UGS模式"应用于教科研课题，促进区域教育高质量发展，打造未来学校建设样板。慕华成志帮助合作校建立基本的培养目标，包括并不局限于以面向一线教师服务的资源倾斜为要点，以学生必备品格与关键能力为导向，培养适应未来社会发展的创新人才，形成既有民族自信、责任担当，又有全球视野、国际素养的创新人才。

在未来学校的共建目标层面，慕华成志与合作校共同设立了目标发展路径，即以内涵式发展与生态圈建设为主线，构建区域新生态未来学校发展体系，打造学校高品质发展的稳态动能与行业典范的影响力。

慕华成志也为共建校确立了教师和学生的发展目标。其中，学生发展目标是，帮助每一个学生全面而个性化地发展，培养能担当民族复兴大任的时代新人。教师发展目标是，拥有充实而激情的教学人生，以成就学生而发展自己。

在与地方共建未来学校的合作层面，慕华成志通过提供管理咨询的专业服务方式建立与地方教育部门的合作，其服务机制是通过政府购买服务的方式，拓展教育创新发展新通道；通过全权委托形式进行学校的提质升级。在符合国家政策与地方规范的前提下，采用管理咨询服务合作方式，通过政府授权，全权委托研究院进行学校架构升级、体系改造与品牌建设等系统化设计，并由研究院提供管理人才输出和日常跟踪式的顾问咨询指导服务。

另外，慕华成志还提供有全智库的专家服务，即以先进的教育理念、专业的智库团队、未来学校建设专项课题成果等引领学校的教育教学发展，形成全智库专家服务体系，推动学校培养具备中国情怀且有世界视野的未来人才。

（二）共建未来学校的策略分析

在共建未来学校的具体策略上，慕华成志采用了明确主线、抓重点、细化分支的具体发展策略。

1. 确立以学生成长为本的价值导向

未来学校以培养德智体美劳全面发展的学生为基础，2020年世界经济论坛提出的"教育4.0全球框架"明确提出，适应第四次工业革命的优质教育模式应以培养学生以下八大能力为目标：世界公民力、创新创造力、技术力、人际交往力、个性化与自主化学习、无障碍与全纳学习、基于问题与协作学习、终身学习与学生驱动型学习。

以学生成长为本，以学习者为中心，培养学习者适应未来发展的核心能力是未来学校的育人目标。未来学校的整体规划与行动标准都以此为目标导向，从而确立未来学校办学的价值理念体系，从而有针对性地进行学校发展阶段的个性化设计。

2. 构建大数据支撑的学校治理体系

打造数据驱动的未来学校智慧管理模式是未来学校教育治理现代化推进的主要目标。

在治理结构方面，建立以支持学习者为主体的扁平化管理结构，细分为学校治理体系的各个服务单元或服务层级，各个层级或服务单元都直接面向学生。

建立学习型教师发展中心、学生成长中心、未来学习中心、家校合作中心、行政服务中心、教学教研中心等，形成精细化管理。

利用信息技术辅助管理，引入智慧管理平台，将管理数据数字化，通过可视化系统进行智能办公，从而实现业务实时沟通、动态监测、自动响应、危机预警，为管理者提供及时全面的数据支持，最终实现精准管理、科学决策。

通过追踪教育主体和教育业务产生的教育数据，透视学校发展的潜在问题，以数据变革治理范式为标准从而精准制订治理目标，最终实现学校治理体系和治理能力的现代化。

在慕华成志的支持下，可通过多种方式给学校提供现代教育治理的综合服务，包括给学校提供个性化治理方案，协助搭建学校教育大数据平台，实施多层次的治理能力提升培训，组织国内外名校参观考察与访学互动，提供学校治理有效实践的参考案例，组织学校治理高端论坛的交流培训，等等。

3. 形成学校虚实融合的空间与教学环境

以建设支持多维场景的绿色生态学习空间及校园文化环境为目标，进行未来学校虚实融合的空间与教学环境建设，全方位协同推进未来学校的新样态发展。未来学校与传统学校的显著区别在于学习空间布局使用的灵活性、教学设备和工具的科技性。

基于绿色生态的校园基础设施和环境建设，在各类建筑、校园绿化、活动场馆、校园特色与文化布置或装饰、学习器材与设施设备、网络与软硬件支撑等方面都配有专业的建设标准、配套标准和环保要求。未来学校打破了固有的封闭教室模式，同一学习空间能实现支持多维学习场景功能，形成可调整分区式的互通互融的主题空间。

未来学校绿色生态校园建设，以绿色环保、超低能耗、积极健康为基本理念，结合学校具体情况和需求，以校园建筑、校园生态、物理学习空间、功能场馆、人文环境等为具体内容，提供整体建设方案。方案以学习者为中心，满足学习者的生理、安全等需求，符合节能、节地、节水、节材、健康、高效的属性要求，从规划与生态、能源与资源、环境与健康、运行与管理四大维度进行建设和实施，实现个性化特色建设。

4. 面向素养培养的课程体系与教学模式

学校育人模式是一个综合性的概念，包含教育方式、教育策略、教育结构等整合性呈现。未来学校的育人模式是传统教育形态与教育变革融合的清晰呈现点，能明确体现学校的教育特色。其中，课程体系和教学模式是集中体现。

以建设多角度融合的立体式课程体系，创新育人模式为目标，面向素养培养进行大单元、大概念及项目融合式教学，对课程进行统整，构建学校的分层课程和分类课程，实施分层和分类走班，"学生选学，教师选教"。

丰富立体的课程体系建设是未来学校育人模式的核心，通过大数据分析，明确学习者的真实需求和不足，从而实施有针对性的资源配置，未来课程的整体结构更加智能化、模块化，动态可重组。

形式多样的教学模式是育人模式的重要支持系统，开展研学活动、综合实践、劳动教育、社团活动、品德培养、心理素质提升等活动，从多角度全方位培养学生的核心素养和适应未来的综合能力。

5. 泛在化支持的教师专业发展目标阶梯设计

未来教育更加开放，教育供给者更加丰富，教育者不局限于学校教师，其身份属性更加开放，社会机构外包服务提供者、相关领域的研究实践者、人工智能教师等都被纳入未来学校人才队伍。教育工作不只由单个教师实现，需要多人、虚实结合协同合作，分别承担更精细化的社会分工，特别是知识化的教学、人工智能的精准诊断、个性推送、学情大数据分析、错题本辅导等多个方面,"未来教师"将具备传统教师无法比拟的优势。因此,未来教师会进行角色重塑,变成学习环境的营造者,学习资源的提供者和开发者,学生学习活动的设计者、指导者、促进者,学生学习和发展的评价者,学生成长的引路人,教育教学的创造者、研究者,终身学习者,等等。

基于未来学校的办学目标与发展理念,慕华成志服务于未来学校建设以合理设置学校组织架构为基础,建立教师发展的四象限目标阶梯设计,设置了基于"未来学校教学标准"的卓越教师、优秀教师、合格教师、不达标教师的课堂行为表现内容和评价规范,建立效能、效率、专业职责等横纵结合的数轴象限属性值,从多维度对教师发展目标进行具体、清晰的阶梯设计,以此形成课堂变革与教师职业发展的突破口。

6. 丰富校园生态的多元化构建体系

慕华成志服务于未来学校建设,旨在构建家、校、社、政、企共育的学习生态,打造富有智慧的学习环境,为学习者提供智慧、高效的教育服务,促进学生健康、个性成长。

打破学校边界,教育从校内向校外延伸拓展,家、校、社、政、企形成多元丰富的校园生态连接,通过组织关联、任务驱动、价值共生等,使五者之间紧密联系、互相渗透、互相促进、协调一致,最终提升育人环境质量,建立协同治理的学习生态创新机制。学校形态也呈现出去中心化、跨边界化、社区化、虚拟化、共享化、开放化等特点。

7. 助力学生成长多样性评价的支持体系

未来学校将信息技术平台引入教学过程,实现伴随式评价,通过对学习数据的精准呈现和统计,准确描述教育现象,对大数据进行诊断分析,发现数据表现背后的本质规律,作出预测性的分析和智能决策,使教育者能够洞察每一个学习者的学习路径,学习者不同阶段的学科素养发展情况和学习能力发展情况,洞察每一个知识点上的学科知识、学习能力、学科素养,洞察问题点,洞察真实的学生。真正实现评价目标从关注知识、基本能力到关注学习者全面发展;评价功能从甄别、选拔到精准改进;评价对象从部分学生到全体学习者甚至教育者;评价主体从单一到丰富;评价方式从即时性、判断性到过程性、阶段性和发展性多种方式相结合;评价反馈更加精准。

通过进行评价标准与有效模式的专项研究,开展未来教育指数专项评价实验等最终构建以大数据为支撑的智能化教育评价体系。通过多维角度、多元标准、多样化模式开展不限于学分式、绩点式、等递制、项目式、过程式等多种评价策略,形成面向学习者的目标导向、问题导向、效果导向的终评结果。

8. 一体两翼服务及其他支持体系

包括中小学思政课建设,校园安全与保障体系,心理健康教育体系,数字德育教育体系,教师专业发展支持体系,教科研管理与引导机制,办学督导与评估指南,办学服务过程中的各类专家与专项服务支持等。

慕华成志采用一体两翼服务模式(图3-16),推动学、教、互动、治理、评价等环节的有机关联,用课程创新推动课堂变革,用课堂创新推动学校升级,适应智能时代,培养面向未来的创新型人才。

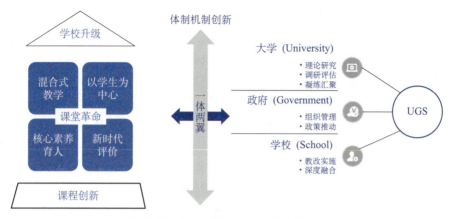

图 3-16 基于一体两翼模式的 UGS 服务

（三）和区域共同推进打造未来学校实践的样板工程

在共建未来学校的落地层面，慕华成志以区域特色的样板工程构建为重点，聚合上、中、下游的各类专家智库与教科研机构力量，通过专项调研、整体规划、任务细分、阶段实施、责任落位、驻地服务、联合研究、校长委派驻校、专项课题引领等多种方式进行样板工程的打造。

1. 针对区域特点进行未来学校共建方案的个性化调研分析

打造样板工程，共建未来学校，先要做的便是对目标学校的"把脉诊断"，需要进行周密的调研设计。结合线上、线下的同步调研，经过系统梳理和分析，经调研专家组共同研判后，明确当下的现状问题，确立整体发展方向，提出对应的解决策略。规划短期与中期发展目标，确立专项课题组吸收区域内外的专家进行定向帮扶，最终形成专业的调研报告和发展规划指南，形成可执行或落地操作的未来学校共建方案。

在调研分析的全过程中，慕华成志与教育实验区域的教育局和实验学校的相关主管领导均需共同参与其中，成立未来学校建设联合工作小组，通过阶段汇报总结与考察交流专题会的形式，形成自上而下的组织与资源保障。在调研完成后，也重点确立入校委派的未来学校校长及核心骨干教师的专职人选，保障专业执行团队与校外专家团队同步助力，形成共建未来学校的核心力量与强大的专家资源队伍。

2. 共建未来学校的推进策略

慕华成志依托未来教育理念与教育发展规律，思考区域教育整体发展特色，融合地方文化体系，遵循国家教育政策，研究教育与经济、社会的发展关联，探索科技赋能教育的创新应用，以九大关键点为核心，深入参与推动区域未来学校样板校的建设。

具体实施包括，双方共建未来教育研究院，进行优势叠加与智库驱动，双效推进未来学校的实践。区域以学校委托管理方式进行未来学校的样板校建设，包括但并不局限于办学定位与学校顶层规划设计，空间与环境的教育融合式发展布局，面向学生的人才培养环境与优质资源引入，创建办学特色的优质资源支撑体系，品牌与影响力共建，课程与资源建设，未来学校智能化建设，现代化学校治理等相关内容的设计与发展共建。

3. 共建未来学校的主要抓手

慕华成志以典型特色与特征为抓手，推动未来学校的建设与合作。

慕华成志共建未来学校表现出来的典型特色有以下几方面。

（1）名校优质资源叠加。以清华大学、清华附属学校等优质教育资源为未来学校品牌共建基础，融合全国名校优质资源进行基础实验校的品牌共建与未来学校的研究探索，包括深圳市罗湖未来学校、首师大育新未来学校、清华附小成志教育实验基地等全国名校实践基地，形成以清华品牌体系叠加全国中小学名校实践基地的名校共建特色。

（2）无边界学习场景。未来学校建设计划紧密围绕培养学习者适应未来的核心能力，从学习空间重构、学习方式变革、教育流程再造等方面，重新定义科技引领、特色鲜明、升级迭代的未来学校，让教育随时随地进行。学校基础设施中的大量公共资源被解放出来，成为灵活的数字化和"智能"基础设施空间，师生可以通过集体智慧来设置个性化的学习方案，解决现实生活中的问题。

（3）融合共建特色。慕华成志服务于未来学校建设，依托政府、高校、企业、中小学名校等多方资源形成"UGS模式"，共同开展融合共建的未来教育特色办学。融合了来自教育部在线教育研究中心基础教育部、清华大学人文学院、清华附小成志教育实验基地等多方面的优势资源，形成项目发展与资源整合的融合共建模式，打造未来学校的高端生态圈。

（4）委派驻校专家。根据学校发展需求，通过定向委派校长、副校长与核心骨干教师等人选，为合作学校量身定制人才培养与未来学校实践的共建环境。为打造教学实践特色，在充分研究和吸收当前各类教育教学模式如分层制、选课制、走班制、导师制、顾问导师制、学分制、项目制等基础上，结合学校的具体校情，推出符合学校个性化发展的组织结构与管理流程，实现组织重组、流程再造、教学重塑、服务重构等关键环节的建构与实施。

（5）多样态课程与活动特色。整体规划国家课程、地方课程、校本课程的三级课程融通体系，融合新课程改革理念进行固定课程、活动课程、项目课程等的本地资源创生式设计，通过项目式课程设计与学习科学的研究等构建学校的多元选择性课程新样态。最终形成基础课程、拓展课程、活动课程、特需课程组成的多样态课程体系，聚焦学科核心素养能力的培养。

（6）动漫微课特色。依托清华教育资源，跨界融合，专门打造了动漫微课全系列课程资源，以促进课程创新与混合式教学的实践。

慕华成志抓住服务于未来学校建设的主要特征，着力推进未来学校建设的个性化落地取得了较好的成效，主要体现在以下几方面。

（1）世界视野。以新时代社会契约理念来开展全球视野的课程体系设计与校园文化建设。使全体师生具备着宽泛的世界视野，同时拥有国家观、历史观、民族观、文化观。

（2）中国特色。通过战略规划、行动指导、价值共生模式推动治理体系变革、课程与组织形态变革、技术应用与服务方式变革、场景设计与空间环境变革、人才梯队成长模式变革等，立足全球发展视野，聚焦教育质量提升，努力把慕华成志服务的未来学校建设成为未来教育创新模式的中国特色社会主义标杆学校。

（3）学术引领。重点课题、高端论坛、智库名家、技术成果、研究成果等。

（4）机制创新。政府主导合作，服务地方，以智库引领下的整体规划设计与行动指南落地实践，引入教育生态促进跨区域未来学校的协同发展，以未来学校的示范校打造促进区域供给侧结构性改革的优化与效能提升。

（5）技术领先。基于成熟的大数据、云计算、人工智能、虚拟仿真等技术，开发"互联网+教育"大平台，设计并研发"动漫微课"课程体系，利用未来课堂平台与PAD端的互动应用构建混合式教学模式，基于"双减"政策下学校的核心诉求研发了智慧作业系统，配合科技创新与学校的STEAM教学，构建了学堂科创平台与课程体系……

4.融通未来学校的关键环节

慕华成志分别通过学、教、互动、管理、保障等多个关键环节的融通，实现未来学校发展中各角色在学习、生活、工作、社交等多方面的关联渗透与相互影响。实现学生自主学习、教师自我管理、家校良性互动、数据驱动治理、条件支撑保障等体系化变革。

（1）学。在学生自主驱动的学习层面，以动漫微课为典型应用，进行兴趣启发，激发孩子们对学习的热爱（图3-17）。

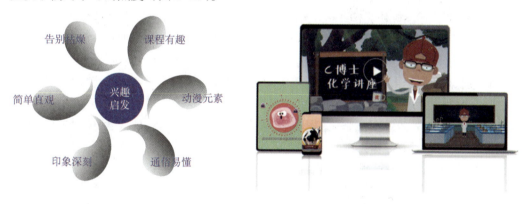

图3-17 动漫微课激发兴趣

以课程创新促进跨界融合，开创动漫讲知识的全新时代。通过互联网学校的打造，创建以学习者为中心，任何时候、任何地点、任何设备下都能愉快进行个性化学习的精致体验。

（2）教。在教师的教学层面，面向未来，用好现代化教学工具已经成为教师的新基本功。慕华成志通过给服务学校提供数字化教学资源，为教师减负增效，通过培训、示范、课题研究等形式赋能教师练就新基本功，培养面向未来的教师团队。

在引领教学模式创新方面，慕华成志首创"'3+5'混合式教学模式"，并编写混合式教学指导用书，提供课前预学、课中共学、课后延学的阶段设计体系，提供BOPPPS模式、主题探究模式、基于PBL模式、小组合作模式、翻转课堂模式等多种混合式教学模式的理论研究与实践案例，帮助学校进行混合式教学的实验。

另外，通过科技赋能，实现因材施教。让千人一面的课堂变成千人千面，让每个孩子都能享受到个性化的教学服务。当前，慕华成志在全国已有近千所学校的教师创新经验和成熟案例。未来的校园一定要成为孩子们最喜欢的地方，慕华成志与清华大学建筑设计研究院中小学校设计专家携手，将学校的功能和美感与人文和科技相融合，提供校园全新规划与改扩建设计方案。

（3）互动。在互动层面，数字技术和场景创新设计为未来学校提供了师生互动、生生互动、干群互动、家校互动等多种应用形态，打造特色的互动教育区，提供沉浸式、体验式、自助式等互动学习环境，寓教于乐。不仅有效改善了家校社互动的良好环境，也促进了学习者自主学习的互动氛围，在技术赋能下的教育互动形式多样，是展厅也可以是教室，是图书馆也可以是实验室，在家里也可以与师生交流，家长在单位也可以随时参与家校互动。总之，让知识活起来，让情感联系动起来，让师生关系联结起来，教育的育人效果才能更好地得以"活力"呈现。

（4）治理。慕华成志基于专家智库资源，聘请行业知名专家与学者共同研究、探讨和设计面向未来的学校治理体系，服务合作单位。依托慕华成志未来教育研究院，围绕区域优势，共同构建一所面向未来的学校。

慕华成志和服务单位共同设计未来学校的定位和发展目标，针对学校品牌、学校定位、办学特色、培养体系等进行充分论证，推出总顾问、总校长、执行校长的管理人才入校服务机制，把学校作为清华人文学院人文教育发展研究中心创新实验学校，通过未来学校专项研究课题，从育人目标、现代化治理、课程体系、教学模式、教师培养等多个维度凝练出既有理论高度又有实践指导性的研究成果驱动学校创新发展。

慕华成志和清华大学附属小学共同推出成志教育实践基地，通过输出课程资源、教师一体化培训、管理者系统跟岗实践学习等方式，推动未来学校的发展。

（5）保障。慕华成志通过多方保障来提升未来学校的办学成效，包括但不局限于：设置了高端专家、精英执行团队、学校核心骨干、特色人才兼聘等人员结构体系；建立学校发展业务支持体系；提供了完善的技术支撑体系；设计了学校行政与综合服务体系；建立了学校发展的优质资源与外部环境的融合共建机制；形成了未来学校发展的生态圈合作体系。

（四）慕华成志推动未来学校建设的实践案例

慕华成志通过共建未来学校的方式，充分利用清华大学的科技优势与行业资源，推进地方试点校的实践，分别参与了包括深圳市罗湖未来学校、首师大附属育新学校、新乡市平原外国语学校等多个不同类型和不同条件的未来学校共建试点，取得了宝贵的经验。

1. 深度参与深圳市罗湖未来学校的建设

2017年12月1—3日，第二届全球未来教育大会在深圳市罗湖区举办。本次大会由教育部在线教育研究中心提供指导，慕华成志和罗湖教育局共同承办。拉开了慕华成志助力罗湖区探索未来教育之路。会上，由区政府与华润置地签订了创办"未来学校"的合作协议，慕华成志提供全方位支持。

2019年，慕华成志深度参与罗湖未来学校建设的全系列技术支持规划与顶层架构设计中，形成与刘荣青校长习本理念高度一致的学校发展管理咨询服务方案。2020年，罗湖未来学校建设之中，召开北师大专项调研研讨会，组织未来学校专题论证会等相关活动。2021年，罗湖未来学校新校区开学，中国教育界泰斗顾明远先生发来贺信，清华大学、北京师范大学等相关领导受聘担任学校专家顾问。2022年，慕华成志携手罗湖未来学校承办中国教育学会现代学校治理改革发展大会，联合百度发布首个元宇宙学校。

经过短短几年的快速发展，深圳市罗湖未来学校已经取得了明显的办学成果，形成了"6优"的未来学校经验总结，即：环境优美、队伍优秀、资源优质、课程优选、智脑优化、制度优越。学校的"习本"成果获国家级教学成果奖二等奖、广东省教育教学成果奖一等奖；学校获得颁发"清华大学人文学院人文教育发展研究中心创新实验学校"牌匾；国家重大项目样本校；科技部人工智能教育实验校；北京师范大学、联想研究院、华为等多个联合实验室项目等。2022年6月28日，罗湖未来学校发展案例登上《人民日报·海外版》。

2. 共建首师大育新未来学校，成立全国未来学校共同体

慕华成志携手首师大附属育新学校成立"首师大育新未来学校"，依托清华人文学院人文教育发展研究中心和首都师范大学的科研学术力量，以及慕华成志的研发和创新力量，共同探索面向未来的学校新形态。

"未来学校共同体暨未来学校行动计划（北京共识）"也正式发布，为全国各省、自治区、直辖市建设高质量教育体系、方法、路径贡献智慧，并为全国基础教育"十四五"发展乃至中国教育现代化2035树立"未来学校"的先行示范样本，共享智慧成果。

3. 与贵阳市观山湖区共建未来学校

慕华成志携手中海地产为贵阳市观山湖区引进优质教育资源和管理团队，采取"优势互补、科学分工、三位一体"的方式，以贵阳市观山湖区第十三中学为基础，共同构建"贵阳观山湖未来学校"。

贵阳观山湖未来学校由全国知名校长、特级校长韩东青任总校长，清华人文学院人文教育发展研究中心"未来学校"课题研究员、北京管理创新杰出校长聂革新任执行校长。学校依托观山湖区的体制机制创新和政策支持优势，慕华成志高水平的管理团队和清华科研成果，中海地产的资金优势和建筑优势——三方发挥各自的优势，协同推动，全力打造一所面向未来的学校。

4. 新乡市平原外国语学校的未来学校实验

2016年5月16日，由教育部在线教育研究中心基础教育部指导，新乡市平原城乡一体化示范区主办，爱学堂、平原外国语学校共同承办的"未来教育行动计划试验基地"启动仪式在平原外国语学校召开。平原外国语学校建成了图书阅览中心、科学实验和科创中心、学生智慧探索与发展指导中心、体育与健康中心、艺术中心、区域教研中心等"六大中心"和教育部在线研究中心"未来教育行动计划试验基地"、河南省青少年科技创新基地等"两个基地"。学校围绕教育新基建中的数字资源、平台体系和创新

应用，探索信息化教学平台与教育教学融合创新，推动学校数字化转型及高质量教育体系。

慕华成志引领新乡市平原外国语学校聚焦于新平台体系基础设施、数字资源新型基础设施、创新应用新型基础设施三者的融合实践。学校落实教育新型基础设施建设，以新发展理念为引领，以信息化为主导，面向教育高质量发展建立新型基础设施体系，从而形成"数字转型、智能升级、融合创新"三位一体的发展模式。学校也通过引入数字化技术平台，再结合本校"思悟课堂"理念，以"未来课堂"为抓手，实现信息技术与教育教学深度融合的创新应用空间，并从教学、评价、研训、管理等四大场景进行布局，探索信息技术推动教育改革的路径。

六、推动产教融合，实现数字产业与教育质量双提升——慕华智谷

（一）区域教育发展的实践分析

党的二十大报告中提出了"加快建设高质量教育体系""推进教育数字化"等相关要求。教育部怀进鹏部长在出席联合国教科文组织2030年教育高级别指导委员会年度会议时指出"以数字化为杠杆，撬动教育整体变革"，他在中国教育科学研究院调研时指出"要坚持守正创新，纵深推进教育数字化战略行动，着力开辟发展新领域新赛道，不断塑造发展新动能新优势"。

自教育数字化战略行动启动实施以来，我国已经建成世界第一大教育教学资源库，探索了以服务引领和支撑学生全面发展、教师能力提升的新路径，实现了国家智慧教育平台、省市级智慧应用云平台、区县级用户终端系统的有效衔接，完成了基础网络、基础平台与基础应用的信息化环境搭建，当前正面临基于教育数字化转型应用的深入发展阶段，需要更好地借助数字化环境探索教育教学深度融合。

慕华成志通过慕华智库的引领，借助清华科技研发体系的强大力量，量身打造基于未来学校理念的应用场景与教学模式，基于混合式教学的教师教研与未来课堂，基于云平台的互联网学校促进教育公平与创新人才培养，基于大数据看板的教育精准治理，基于新型动态数字资源满足学生随时随地自主学习，等等。这些模式可有效助推"双减"背景下的区域教育高质量发展，实现更加公平、更加优质、更高标准、更有特色的区域教育发展新样态，形成完整的集学前教育、义务教育、高中教育、普职融合教育、特殊教育等完备的教育体系，以区域教育高质量发展为整体目标推进教育高水平供给的区域变革。

数字化转型正在驱动生产方式、生活方式和治理方式发生深刻变革，对世界经济、政治和科技格局产生深远影响。国家"十四五"规划纲要"加快数字化发展，建设数字中国"中以专门的章节提到，要通过加强关键数字技术创新应用、加快推动数字产业化、推进产业数字化转型等方式"打造数字经济新优势"，数字化变革已成为新经济发展的重要途径。在新一代数字科技支撑和引领下，以数据为关键要素、以价值释放为核心、以数据赋能为主线，对产业链上下游的全要素数字化升级、转型和再造将成为产业数字化变革的关键要点。慕华智库将发挥智慧枢纽作用，以教育数字化转型为抓手，融入经济和社会发展的多个方面，从而形成满足产业数字化变革发展趋势的有效推手。

第三章　社会参与未来教育发展的创新模式

慕华成志通过打造教育产业基地来构建教育生态发展的新型产业链。以数字化教育为聚合点，实现教育产业集群发展，打造教育高阶结构发展的优质资源基地，推动区域产业链的有效融合，促进教育生态的良性发展将成为行业热切关注及各地竞相发展的必然趋势。以慕华智库为引领，通过调研考察、目标筛选、价值评估、成熟推荐等相关流程，吸收行业优质企业共同开展数字化转型的研究与研发，提供区域教育高质量发展整体解决方案，构建未来教育差异化互补特色的产业链融合格局，推动区域教育产业基地的发展。

（二）"一体两翼"探索区域教育高质量发展

慕华成志主动服务国家教育发展战略，构建了优质教育资源服务社会的创新体系，形成了独特的"内容＋平台＋服务"和"大学＋政府＋学校"三位一体的发展模式。其依托清华基础教育资源和科研成果，通过人工智能、大数据、云计算等先进技术为政府提供教育新基建整体解决方案和学校数智化升级服务，已发展成为中国极少数拥有自主知识产权，能同时为客户提供教育科技服务及投资运营管理等全方位的企业之一。

慕华成志建设未来教育示范区的策略主要包括：打造智慧教育产业集群，构建新型生态链；立足区域，结合全省学术资源，发起成立未来教育研究院；科技赋能，建立组合策略，推动区域教育高质量发展；践行跨界融合，举办高端论坛，形成区域样板，打造区域品牌；充分赋能"文旅融合发展"战略，拓展"研学旅行"项目，促进教育与经济、社会等的融合发展；放大区域科教融合优势，形成中国教育现代化的区域示范，形成对外开放的窗口等。具体举措包括共建数字教育产业园——慕华智谷，引入产业基金从而助力园区发展，系统规划区域教育供给体系，落地推动教育高质量发展等。

（三）慕华成志在区域创新实践的落地途径

为聚焦各地区教育发展不平衡、不充分等问题，坚持问题导向，创新驱动，将目标区域打造成为国内领先的教育数字化转型升级样板和教育高质量体系发展特色区域。慕华成志抓住教育新基建机遇，充分钻研数字基座和数据资源等研发体系，打造涵盖数字资源、未来课堂、学习终端、爱学云、互联网学校等创新应用场景，采用混合式教学模式，利用清华大学的高端课题引领开展教研、科研、教学、数字化学习、大数据管理等教育教学活动。建立信息服务全场景、教育教学全流程、行业应用多生态的应用体系。以促进教学方式变革为核心，推动"5G＋智慧教育"规模化、常态化应用，充分利用智能学习终端和大数据分析技术推进大规模因材施教。逐渐形成区域"互联网＋"环境下的人才培养、教育服务和教育治理的新模式、新格局与发展新样态。

目前，慕华成志落地全国上百个地区进行相关实践应用，具体的落地途径各不一样，但总体上依然还是采用"政府—高校—中小学校"相关联发展的 UGS 推进模式，利用清华科技，形成区域发展路径的典型案例。

具体案例见本书第四章的详细介绍。

第四章　慕华成志参与教育创新与实践的典型案例

慕华成志通过科技赋能教育，优化区域教育资源配置，促进教育公平。以教育数字化转型为抓手，助推学前教育普惠普及，促进义务教育优质均衡发展和城乡一体化，为高中阶段学生多样化发展提供数字化应用环境，以云平台和互联网学校为支点统筹教育协同创新发展，为建设与区域教育现代化发展目标相适应的开放式教育应用生态提供基础支撑。实现教育数字化转型对学生发展的促进作用、对深化教育综合改革的支撑作用和对教育创新发展、均衡发展的提升作用；实现信息技术与教育创新融合发展的，具有中国特色、区域特点的教育数字化转型应用发展新思路。以教育高质量发展为引领，盘活创新人才建设思路，带动区域经济、政治、文化、社会与生态文明建设的融合发展。

在历经多年的打磨后，慕华成志成功推出一批全国性的典型案例。

第一节　典型案例特征

一、案例区位特征

目前，慕华成志服务几乎涵盖全国所有地理大区域，即华北、华中、华南、华东、西南、西北、长三角、珠三角等部分重点区域，在教育创新与实践层面具有典型的代表性意义（图4-1）。

二、发展策略分析

慕华成志以智慧教育为支点，以技术创新、内容创新、服务创新、思维创新、产业创新等多种方式，整体推进地方教育的高质量发展。其教育创新与实践的主要模式表现为以下几点。

1. 横向连贯策略

典型的是慕华成志推动深圳部分区域教育发展的案例，重点集中在龙华、南山、福田、罗湖四个市辖区。其中在龙华区打造中国范式的线上线下混合式教学，在南山区开设清华人文学院课题引领探索未来教育变革新路径，在福田区构建5G数字学校探索人人皆学、处处能学、时时可学的新样态，在罗湖区推行创新人才培养计划、开展基础教

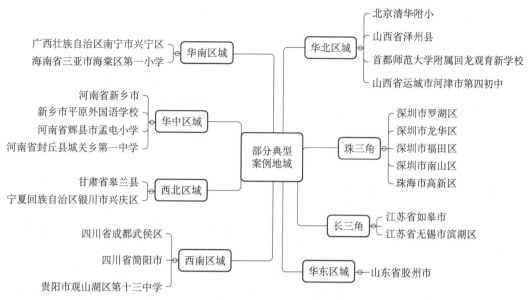

图 4-1 慕华成志服务的部分典型案例地域

育与高等教育多元合作、深度参与罗湖未来学校的建设规划等。

2. 纵向深入策略

慕华成志为首师大附属育新学校构建了平台型的"云端数字学校"，在其分校首都师范大学附属回龙观育新学校进行了未来课堂推动学校教改的实验；在郑州外国语学校平原校区进行了以"教育新基建"为主题的课堂实践式创新应用教改实验——均取得了较好的效果。

3. 优势叠加策略

慕华成志通过引入清华体系的优质资源与科研成果，依托专业技术能力，分别整合清华附小等代表性重点学校的课程资源、学习资源、师训资源、技术资源、平台资源与服务体系，形成对用户服务的优势叠加效应。

4. 开拓创新策略

针对部分区域在教育思维创新、地方教育特色名片、教育质量整体提升等层面的多种发展诉求，慕华成志充分利用清华学术专家与行业技术专家的优势资源，帮助河南省新乡市改变区域教育现状，实现"换道超车"，助力江苏省如皋市打造高质量教育县域样板、建设长三角北翼教育名城等。

5. 共建帮扶策略

为有效帮助地方政府打造区域未来学校样板，形成相对标准化的管理咨询服务模式，构建以未来教育理念为基础的学校新样态，建立管理服务、人才服务、技术服务、内容服务等体系化的教育服务模式，慕华成志分别整合了各重点学校的管理咨询服务模式，并对河南省辉县市孟电小学、贵阳市观山湖区第十三中学等采用了一对一的共建帮扶策略，目前正在全力推进学校新样态的变革。

6. 智慧试点策略

智慧教育是国家数字化推进的重点内容之一，教育部在全国先后部署了多个智慧实验区进行试点，四川省成都市武侯区即是其中之一。慕华成志作为科技型企业，充分研究教育数字化转型背景下的建设与应用场景，以清华大学人文学院人文教育发展研究中心专项课题为引领，和成都市武侯区建立学术研究松耦合的智慧教育应用实验，分别从技术、人才、机制、效果、评价、模式、案例等多方面推动区域教育高质量发展。除此外，慕华成志还与广东省珠海市高新区达成合作，进一步推进科技赋能教育的多项智慧教育试点策略。

7. 薄弱助推策略

针对经济与教育相对薄弱的区域，慕华成志通过调研考察、专项规划、技术支持、项目服务等多种组合方式，为山西省泽州县打造"未来教育行动计划示范区"探索面向未来的教育教学模式，使甘肃省皋兰县全面提升教育教学水平加快"教育立县"步伐，在宁夏银川市兴庆区打造西北教育高质量发展样板，建设多类个性化薄弱区域发展的服务模式。

8. 定向实验策略

为促进部分区域或学校的个性化发展，打造个性化的优质学校，推动区域教育整体发展，帮助政府构建区域教育品牌，慕华成志以根植清华的理念和行动推进了山东省胶州市因地制宜带动区域教育发展，四川省简阳市培育家门口的"优质学校"，广西南宁市兴宁区推动教改实施、打造教育品牌等均取得了阶段性成果。

9. 服务推进策略

教育服务是教育创新与实践的重要支点，通过一对一的多类专项教育服务模式推动区域和学校的良性发展，帮助区域和学校建立完善的教育服务体系与技术支持体系，也是慕华成志创新发展中的重要举措。目前，慕华成志已分别与海南省三亚市海棠区第一小学、河南省封丘县城关乡第一中学、山西省河津市第四初中等相关学校建立多类服务性合作。

10. 慕华智谷策略

为构建中国式现代化教育产业发展新样态，实现区域教育发展生态链融合的专业服务效果，慕华成志与江苏无锡滨湖区共同构建智慧教育产业园区，推进智慧教育产业园、未来教育学术圈、高端论坛活动周、未来教育样板校、智慧教育示范区、跨界融合教育城、产业发展基金池等教育生态型建设与发展新模式。

第二节　部分区域案例

一、深圳市部分区域——个性化特色发展的横向探索

1. 深圳市龙华区——打造线上线下混合式教学的中国范式

慕华成志以"龙华区创新实验班"教改项目为切入点，为龙华区引入"未来课堂"解决方案，包括硬件设施、智慧教学平台、立体化数字资源、服务全线支持，以现代教育科技为工具，为教师提供定制化备课资料、动漫微课、多媒体资源、课件、学案、题

库等优质教学资源,实现课前、课中、课后混合式教学全周期支持。

"龙华区创新实验班"教改项目在龙华区落地7所学校,在初中学段开设51个班级,涵盖语文、数学、英语、物理、化学五大学科,覆盖2300余名学生。项目依托清华大学"光谱式"教学理念,采用"局部示范、探索模式、循序渐进、逐步迭代"的教学原则,充分鼓励教师根据学科核心素养育人目标以及实际学情开展灵活的混合式教学,引领面向未来发展、助力区域发展公平的高质量教育(图4-2)。

图4-2 "龙华区创新实验班"教改项目

2. 深圳市福田区——构建5G数字学校实现个性化学习

2021年,由深圳市福田区政府指导,慕华成志承办的"福田区基础教育创新发展大会暨'十四五'教育规划发展论坛"在福田区外国语高级中学举行,围绕"未来教育""5G+教育""'十四五'规划下的福田教育"等基础教育创新与发展话题展开深入探讨,形成福田《教育发展"十四五"规划》的"福田范式"。

福田5G数字学校正式启动

在慕华成志的助力下,福田5G数字学校正式启动,利用信息技术与数字课程资源赋能福田教育。为探索面向未来的育人模式,福田区携手清华大学人文学院人文教育发展研究中心发布了"未来学校课题共建计划",并由专家为福田区外国语高级中学、福田区实验教育集团、福田区科技中学等10所学校授牌,更好地探索面向未来的育人模式。

3. 深圳市南山区——专项课题引领探索未来教育变革新路径

从数字化驱动、科研驱动、资源驱动、品牌驱动四大方面为南山区构建未来教育发展规划，推动南山区教育事业实现新跨越。南山教育以南山区教科院、前海自贸区教育板块及南外集团板块为先行试点，通过清华人文学院专项课题赋能，启动未来教育创新研究中心建设，打造"创新共同体"，聚焦面向未来的教育变革新范式。

南外集团互联网学校正式启动

2021年，南外集团互联网学校正式启动，是南山区推动义务教育优质均衡的重要举措，对提高南山区基础教育办学水平，促进教学模式创新，推进教育信息化深入发展，提升教师专业素养具有重要意义。南山区前海学校、南山实验教育（集团）前海港湾学校加入"未来学校共同体"，致力于建设数字教育资源，实现个性化教育和全纳教育，改革创新人才培养模式和教学方法。

4. 深圳市罗湖区——基础教育与高等教育多元合作的创新人才培养计划

2017年，罗湖区政府主办，慕华成志承办第二届全球未来教育大会，未来教育行动计划——深圳市罗湖区示范性实践基地正式揭牌。之后，罗湖区部分小学加入清华附小互联网学校联盟，罗湖教科院开展创新人才培养计划，翠园中学开创强基实验班，罗湖未来学校成为"清华大学人文学院人文教育发展研究中心创新实验学校"，慕华成志依托清华专家的学术成果与优质资源为提升罗湖教育高质量发展贡献不竭的动力。

未来教育行动计划——深圳市罗湖区示范性实践基地揭牌仪式

慕华成志依托清华大学iCenter创客空间优质教育理念和资源，开展"学堂科创"项目，为罗湖区学校提供"一站式"科技创新教育解决方案，并为学生打造科创学习平台。在学堂科创的支持下，建设"学堂信息学创新班"，引进学堂科创人工智能课程体系，提高学生的信息意识和创新意识，培养学生的实践创新能力，首开深圳罗湖区创新教改先河。

二、无锡市滨湖区——数字化促进区域教育多元发展

数字教育是数字经济的重要组成部分，在推动数字经济建设与发展的过程中具有重要的作用和使命。2022年11月，无锡市滨湖区山水城与慕华成志教育科技有限公司签订合作协议，共同建设数字教育产业园。围绕滨湖区太湖湾科创带引领区建设，就国家数字教育产业园项目签订合作协议，积极探索产教融合的可持续发展模式，聚力"三区四城"发展战略，为加快打造数字文化产业高地注入新动能。

无锡市滨湖区签约仪式

无锡市滨湖区相关领导一行莅临慕华成志调研交流

三、四川省简阳市——培育家门口的"优质学校"

通过"成志教育实践基地"和"未来课堂"项目，输入优质教育资源与智慧教学平台，建立具有本地特色的智慧教育服务体系，让"幸福简阳"的标志充分展现在信息化课堂上，培育家门口的

"优质学校"（图 4-3）。

图 4-3　简阳市未来课堂教学示范课研讨活动

四、山东省胶州市——因地制宜带动区域教育发展

2016 年至今，未来课堂项目落地胶州市 7 所学校，合计开设 94 个创新实验班，服务教师及学生近 5000 人，涵盖语文、数学、英语、物理、化学五大学科。通过 4 年实践，胶州市第十一中学独立总结出校本特色"三段八环节"混合式教学模式及"六三一"班级管理模式，连续四年成绩理想，毕业生中普高线达标率也明显提升（图 4-4）。

图 4-4　胶州市信息化教学与学科教学融合教学研讨活动

2018年12月21日上午,胶州市信息化教学与学科教学融合教学研讨活动在胶州市第十一中学举行,来自胶州市使用爱学堂未来课堂产品的七所学校的全体生物和物理教师参加了此次活动。

五、河南省新乡市——改变区域教育现状,实现"换道超车"

2017年,新乡市与慕华成志达成合作,慕华成志为新乡市12个区、县、市(县级市)998所中小学校交付新乡市智慧教育云平台、大数据统计平台、数字资源平台,覆盖师生用户7万余人,各市、区、县级平台管理员近百余人、校级管理员近千人保持新乡云平台的常态化应用,双方共同推进教育信息化发展(图4-5)。

区域层面:通过科技、资源、机制、人才、品牌五轮驱动,探索区域建设高质量教育体系发展之道,服务国家基础教育改革。

学校层面:借助信息化教学技术,在区域内提升排名以及口碑,短时间内能创一流名校,为区域培养出更多的优秀人才。

师生服务:打通师生之间知识传播的"壁垒",一方面减轻教师的教学压力,激活课堂,提升质量;另一方面增强学生的学习乐趣,高效吸收课本知识。

扶贫攻坚:通过"政府政策支持、企业投资建设、学校持续使用"的模式,助力新乡扶贫攻坚全面完成,为乡村振兴计划奠定基础。

图4-5 慕华成志为封丘县教师进行云平台的应用培训

六、南宁市兴宁区——推动教改实施打造教育品牌

落实高质量教育发展核心,努力构建兴宁教育品牌。在慕华成志与南宁市兴宁区的合作中,慕华成志输入优质基础教育资源,打造"未来课堂"和"学堂教师宝"智慧教育平台,培养信

南宁市兴宁区政府与慕华成志战略合作签约

息化时代背景下的优秀教师团队,并通过"成志教育实践基地"项目将名校的育人经验、管理理念输出至当地学校,助力兴宁区在"一轴四区五园"的战略布局下,真正办好人民满意的教育。

七、山西省泽州县——探索面向未来的教育教学模式

2020年,泽州县与慕华成志共同启动了"泽州县未来教育行动计划示范区"建设,旨在发挥优质基础教育资源、技术和模式优势,助推泽州教育向更高层次迈进。泽州县教育局以立德树人为根本任务,坚持"五育并举"、全面发展的育人理念,大力开展特色学校建设,全面优化学校布局,课堂教学改革扎实推进,教育教学质量稳步提升,全县教育发生了很大变化(图4-6)。

泽州县第三中学作为泽州县教育创新示范区的重点示范校,成为当地教育探索的先行者,先后开展了未来课堂创新实验班和科创基地项目。2021年11月,泽州县第三中学未来课堂实验班学生在"全国中小学信息技术创新与实践大赛"人形机器人任务挑战赛(初中)中荣获二等奖。

2021年12月,《泽州县基础教育中人文资源的挖掘与利用研究》子课题通过清华大学人文学院人文教育发展研究中心总课题组审核,获准立项。在人文课题的引领下,泽州县不断探索人文教育资源的挖掘与利用模式,利用泽州县人文历史进行体系化的成果转化,使泽州深厚的文化底蕴服务于教育教学,推动泽州教育高质量发展。

图4-6 泽州县"未来教育示范区"项目启动

八、甘肃省部分区域——科技赋能加速教育发展

1. 皋兰县——教育新基建背景下的精准扶智模式

在国家相关教育政策的指引下,皋兰县采用构建教育新基建背景下的精准扶智模式,充分借力外部资源构建应用生态,探索薄弱

皋兰县教育局与慕华成志签约仪式

地区教育创新的精准扶智新样态，全力提升教育教学水平，加快"教育立县"步伐。以环境建设、教学融合、服务供给、效能提升、保障体系为五个驱动点，以信息化建设与应用为抓手，以未来教育理念为支撑，以政府与外部资源为合力，逐步推进区域教育信息化。从资源薄弱、设备老旧、思维僵化、应用零散等状态走向相对优质均衡、智慧环境、人才支撑、体系化发展的新样态。

该县已于2020年11月引入清华在线教育创新项目——"爱学云"大平台与应用体系，项目包含"学堂教师宝"教师智慧教学平台、"爱学堂"学生自主学习平台、"未来课堂"深度课改平台。其中，"学堂教师宝"与"爱学堂"平台覆盖区域共计42所中小学，通过科技力量创新教育，主动服务国家战略，积极构建优质、均衡的教育服务体系，为学生提供个性化学习产品，为教师提供智慧教学系统，实现教师"精准教"、学生"精准学"，以此促进区域发展公平而有质量的教育。

2. 山丹县——推进信息技术与教学融合创新

为山丹县引进优质教育资源、智慧教学平台、先进的教育理念和育人模式，强化师资队伍建设，推动信息技术与教育教学融合创新，精准把握未来教育发展方向，为山丹县建设高质量育人体系奠定坚实基础（图4-7）。

图 4-7　山丹县教师应用培训

九、银川市兴庆区——打造西北教育高质量发展样板

2020年4月，银川市兴庆区教育局与慕华成志签署合作协议，共同打造兴庆区教育高地，促进兴庆区教育事业高质量发展。慕华成志为兴庆区引进清华优质基础教育资源，为当地学校引入"未来课堂"及"成志教育实践基地"项目，打造西部教育样板。

双方联合成立"银川市兴庆区未来教育学院"，集"互联网＋教学、培训、研究"和治理于一体，打造兴庆区数据治理中心，

银川市兴庆区教育局与慕华成志合作签约

建立"线上+线下"双驱动模式的教师研训中心,建设区域内优质特色教育资源集合地。该平台惠及兴庆区近七万名师生,进一步提升了兴庆区教育教学质量和整体办学水平。

十、吉林省白山市——优质教育资源促进教育高质量发展

2017年3月,清华大学与吉林省白山市人民政府在清华大学签署战略合作协议。双方就科技成果转化、研发平台搭建、建立院士工作站、双向挂职、人才培训、文化旅游领域发展、区域发展规划和优质教育资源引进等方面进行了深入交流探讨,并签署多项合作协议。之后,爱学堂与白山市政府签署《白山市智慧教育项目建设合同》,双方共同推进吉林东部绿色转型发展先行区、国家生态文明建设示范区,加快白山绿色转型全面振兴,同时让优质教育资源惠及白山,提高教育质量,促进人才培养。

市校合作签约仪式

十一、云南省南涧县——慕华成志帮扶下的教育均衡发展

2020年8月,CCTV-9纪录频道大型教育创新纪录片《育见未来》首期节目对慕华成志在线教育资源落地云南省南涧县山村学校做了详细报道。一根网线,将优质教育资源共享给山区的孩子们,对南涧县教育均衡化发展起到了突破性的作用(图4-8)。

自2017年起,慕华教育就已先后向南涧县捐赠在线教学资源动漫微课。2019年,慕华成志推出的教育公益2.0方案全面覆盖九年义务教育,有效促进了南涧县的教育均衡化发展。

图4-8 南涧县互联网学校示范课现场

面向未来的教育创新与实践

第三节　部分学校案例

一、北京、汕头、深圳部分未来学校实践探索

慕华成志在北京、深圳等地联合地方政府和学校发起成立首都师大育新未来学校、深圳市罗湖未来学校、汕头市濠江区未来学校等，采用"大学—地方政府—中小学校"（UGS）合作模式，打造未来学校前沿示范样板。

其中，慕华成志联合首都师范大学附属回龙观育新学校共同成立首都师大育新未来学校，取得了特别明显的效果。借助人工智能、云计算、大数据等先进技术，结合中小学生的学习特点，开发出符合孩子们学习规律的个性化学习平台，打造智慧课堂，让千人一面的课堂变成千人千面，保证学习者在任何时候、任何地点、任何设备下都能愉快地进行个性化学习（图4-9）。

图4-9　首都师大育新未来学校未来课堂教学现场

首都师大育新未来学校于2016年引入平板互动教学系统，通过区校级联动的教研方案，为教师教学、学生学习提供更好的工具平台，促进学生思维能力发展。对近些年所累积的数据进行初步建模，利用数据实现精准地学习评价，不断获取、整合和分析学生学习过程中的学习行为、情感体验、思维变化以及学业表现等多模态数据，帮助老师制订教学改进方案，形成有效的学习新形态。

从开始推进互动教学至今，共有 13 个学科 118 位老师参与教学实践，备课 1800 余节，总课时量达到 3600 余节。多名老师在国家、市、区教育教学评比中获奖。

二、河南省新乡市平原外国语学校——混合式教学实践

平原外国语学校是当地的明星学校。2015 年建校，2016 年全面引入慕华成志未来课堂混合式教学模式。采用新教学模式的未来课堂，深受学生和家长的欢迎，不但学生学习进度远超其他学校，成绩在整个郑州外国语体系中也是名列前茅。

专家深入调研未来课堂的混合式教学模式

由于"郑外平原"使用了未来课堂的教学平台、教学模式和教学理念，学生们的学习面貌焕然一新。作为借助信息化技术打造的深度课改平台，未来课堂连接"线上+线下"的混合式教学，整合了在线学习和传统课堂学习的双重优势，全面贯穿课前、课中和课后等整个教学环节，在提升"郑外平原"教师教学效率的同时，还能够帮助学生有效提高学习成绩，真正做到了为师生"减负增效"。

三、贵州省贵阳市观山湖未来学校——UGS 模式赋能教育发展

观山湖未来学校将慕华成志"未来学校"的教育理念与办学思路引入并落实到学校的创办过程中，构建未来学校治理体系，实现从科研课题引领，到教研活动支撑，再到课堂教学实践，从而夯实教学质量，形成校本特色，开启未来学校探索实践之路（图 4-10）。

图 4-10　观山湖未来学校设计图

四、河南省辉县市孟电小学——"学堂教师宝"促进教学变革

自 2018 年起，孟电小学应用慕华成志"学堂教师宝"智能教学平台开展信息化教

学改革，先后为全校 300 多位教师开通账号，3000 多名学生使用平台进行线上线下混合式学习，为学校落实"双减"政策且充分发挥课堂教学主阵地作用提供强有力支撑（图 4-11）。

图 4-11　河南孟电集团引入"爱学堂"优质教育资源暨捐赠仪式

教师积极应用"学堂教师宝"平台上的动漫微课资源实施教学，根据学情反馈因材施教，不仅提升了学生能力和素养，还取得了优秀课例等诸多教学成果。2021 年秋季学期，针对孟电小学教师开展的调查问卷显示，近 98.5% 的教师愿意继续使用"学堂教师宝"智能教学平台。

与此同时，孟电小学成为"成志教育实践基地"全国合作校之一，以名校为榜样，深抓教学教研，收到阶段性成效。从教育资源到教师培养，慕华成志为孟电小学提供了完善的教育解决方案，助力学校改革创新，践行高质量教育发展理念。

五、河南省封丘县城关乡第一中学——混合式教学实践推进信息化升级

2018 年，封丘县城关乡第一中学引进慕华成志"未来课堂"平台，进行信息化课堂教学改革尝试，为师生提供了标准化的在线教学工具、先进的教学模式与优质的教育资源。封丘县城关乡第一中学将"未来课堂"中先学后教、当堂训练的方法扩展到多媒体混合式教学环境中，总结出"3015"模式，积极探索新时代信息化教育教学变革，让农村薄弱学校发生"蜕变"。

未来课堂示范校揭牌

为进一步提高学校的教育教学质量，封丘县城关乡第一中学积极参与"十四五"期间教育质量提升创新研究课题，申报的《信息技术环境下农村中学"未来课堂"与翻转课堂融合的实践与研究》子课题成功立项。其间，课题组以教师工作坊形式推动当地子

课题开展混合式教学研究,将课堂改革的创新成果有效落地应用。

通过"未来课堂"以点带面和清华大学人文学院课题赋能,封丘县城关乡第一中学走出一条农村薄弱学校的优质教育之路,成为新乡市信息化2.0能力提升工程整校推进示范校。

六、海南省三亚市海棠区第一小学——成志教育实践基地带动教学变革

自2019年起,慕华成志与三亚市海棠区第一小学达成合作,为当地输入以"动漫微课"为核心的优质在线教育资源以及名校管理理念。借助慕华成志搭建的先进教育平台,海棠区第一小学现已成为全国成志教育实践基地校之一,大踏步开启教学改革之路(图4-12)。

图4-12 教师应用培训现场

为了帮助学校更好地应用教育资源及混合式教学理念,持续深化教学改革,慕华成志先后在海棠区第一小学开展了数字化教育资源和教师智慧教学平台应用培训。慕华成志将继续为学校"十四五"时期创新教改提供学术指导和技术支撑,以帮助教师全面提升教学水平,重构学校教育生态系统,开启智慧教育新阶段。

七、山西省河津市第四初中——以智慧教育构建区域样板校

"未来课堂"项目于2021年2月落户山西省河津市第四初中,经过一年多的实践磨合,学校教育信息化得到高质量发展,在区域起到先行示范作用。其开展情况先后被学习强国、山西日报、运城市电视台等多家媒体进行报道,获得中央电化教育馆等专家好

评，至今有 3 名教师课例入选为"未来教育行动计划未来课堂优秀课例"，50 余名教师获得慕华成志相关奖励。

未来课堂引领方向：为学校引进"未来课堂"项目，在学校实施教学改革，旨在以智慧教育构建教育信息化、网络化体系，打造当地教育样板。现全校 12 个班级 500 余名学生全部运用"未来课堂"平台上课，并已收获到初步成果。

专家组在学校做信息化教学方面的调研走访

高阶思维增添动能：慕华成志汇集名师力量，利用晚上时间为 30 名理科高考创新班的同学进行线上授课，讲授学科重点难点，对学生进行高阶思维训练；并利用周末时间对学生进行线下面对面授课辅导，个性化地解决学生学习问题。

人才培养模式变革：以科学研究为基础，以培养创新人才为根本，利用信息化手段促进学校教育的结构性变革，推动空间、课程与技术的融合创新，为学校的整体创新提供理论引领和实践指导。

第四节　区域个案深度剖析

一、成都市武侯区——教育数字化转型的双线融合式教学实践

摘要：面对教育数字化转型带来的对教育模式和学习范式升级优化的期待，成都市武侯区以"全国智慧教育示范区"创建为契机，积极开展智慧教育的创新实践，推动新技术支持下的教育数字化转型。武侯智慧教育提出双线融合式教学主张，着力探索线上教学与线下教学的有机融合，通过教育场景再造、大数据赋能、教学结构优化、重建教学价值观、重组教学结构、再造教学程序、重构教学文化等方式，推进"线上线下相结合"的育人体系，努力实现"学生个性化学习、教师差异化教学"。研究过程中，建立了以课题研究为引领、以队伍建设为保障、以项目校为推动、以种子教师攻坚的推进体系，提升了师生信息化素养，构建了具有学科特色的课堂结构，汇聚了大量的教育优质数字资源，有效推动了武侯教育数字化转型。

近年来，随着网络的普及、数字设备的广泛使用以及全社会对数字技能需求的不断增长，教育系统的数字化转型已经进入加速阶段。

1. 研究背景

随着数字技术和数字化产业在社会和文化变迁发展中的作用日益加强，各国政府开始高度重视教育数字化，将教育数字化提到了国家战略的高度，并主导推进教育数字化转型。[1]习近平总书记高度重视信息化建设和数字经济、数字中国建设发展，多次强调数字化、网络化、智能化在中国特色社会主义现代化建设中的重要意义。2022 年，教育部年度要点提出"实施教育数字化战略行动"，这使教育部党组织深刻认识到教育应对百年变局和世纪疫情所面临的机遇和挑战。加快推进教育数字转型和智能升级，为国家竞争力储能、赋能、提能，是使教育成为更好适应、支撑、引领经济社会发展的

"快变量"的一项重大举措。[2]

成都市武侯区自2019年成为"全国智慧教育示范区"以来，积极开展智慧教育的创新实践，推动新技术支持下的教育数字化转型。2020年，在全域实施在线教学，"三顾云"教育信息化平台、钉钉、微信、QQ等通信工具在全区学校实现了"全覆盖"。2月初，"三顾云"教育信息化平台被四川省教育厅纳入全省中小学在线教学资源库，由此创生的"资源包+直播"模式在全国也产生了广泛影响。不仅及时优化网络环境，还为全省中小学师生提供优质教学资源，标志着武侯已经成功迈出了教育数字化转型的第一步。

2. 双线融合式教学

（1）概念界定

双线融合式教学是指线上线下融合式教学。线上教学，指跨越教学时间和空间的限制，让每一个学生获得最好的课程资源，最终解决个性化学习问题。线下教学，指针对本班学生的个性化教学，让每一个学生能够获得更适合自己的学习帮助，最终实现教师的差异化教学。

（2）关键特征

成都市武侯区双线融合式教学初步提炼出三个关键特征，即场景再造、数据赋能和结构优化。

场景再造，从单一的场所向多场景转换，即线上与线下的有机结合。将教室的黑板、教师的平板和学生的终端互联互通，形成"三屏互动"样态，探索多元的教学场景，实现从单一到多样的场景再造。

数据赋能，利用大数据精准教学系统使用伴随性的数据采集实现人工智能的挖掘和分析，实现差异化教学和个性化学习，实现数据赋能。目前，武侯区通过探索形成的大数据精准教学系统与数据已经在教学教研、学校大数据应用、教学学情应用、学科集体备课教研、课堂应用和学生自主学习等6个场景发挥了它的作用。

结构优化，在四川省人民政府教学成果特等奖自导式教学改革的课前、课中、课后的结构性改革基础上，通过实践研究形成了双线融合式的教学组织模式。这个模式既包括了课前、课中、课后的结构性变革，也融入了大数据的赋能驱动，同时还加上了场景再造，形成了线上与线下教学三个特征的融合。

（3）双线融合式教学组织模式

"双线融合式教学的组织模式"主张课前自主学习，前置检测，以学定教；课中合作学习，精准释疑，差异教学；课后拓展学习，智能推送，个性学习。

课前，教师进行资源开发并在预学中在线推送。

课中，教师首先通过创设情景、问题导学，引导学生利用数据分析结果，在真实体验中进行合作探究，从而实现疑难突破。随后进行课堂检测，根据检测中反馈的数据进行学情分析及时调整教学指导，引导学生自查问题、破解问题。

课后反思中，教师进行数据分析、反思修正，学生进行跨时空、任意时间、任意地点、不同步调的个性化学习。

在整个双线融合式教学过程中，不仅需要数据收集和分析系统为教师精准了解学情、学生自我反思提供支撑，还需要现代信息技术来提高课堂教学和学习效率，同时还需要3种资源包，即预学单、自学单和促学单。它是一个双线融合式的教学范式（图4-13）。

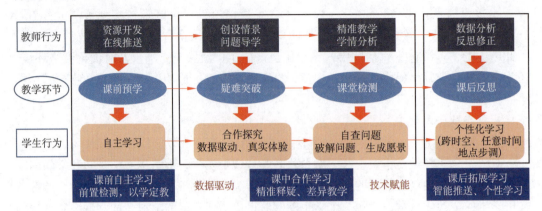

图 4-13 双线融合式教学组织模式图

3. 推进路径及策略

（1）科研引领，突破研究壁垒

对于区域数字资源建设的体制机制、质量管控、数据互通壁垒等关键问题，通过立项国家和省级重点课题的研究来突破。

2019年立项了局长领衔的四川省十大重点课题之一《区域中小学智慧教育体系建设的实践研究》来构建区域的智慧教育实践体系。武侯区成立由区教育局主要领导负责的"智慧教学新生态研究工作领导小组"，直接领导全区双线融合式教学模式探索和实践工作；区教育局成立专项推进办公室，协调区教育系统相关研究，以推进和资源配套，形成联动机制；区教科院成立教育信息化研究所，深化教学变革的理论研究，制订实施策略；区技装中心依托智慧校园建设工作，全面支撑研究所需要的信息环境建设。

2021年立项的武侯区教科院副院长领衔的省级课题《信息技术深度推进的智慧教学新生态建构实践研究》解决了教与学方式变革和新技术在教学中应用的问题，为数字资源建设提供具体的素材。

（2）种子教师培养，探索线上与线下深度融合方式

种子教师团队以实现教师差异化教学和学生个性化学习为目标，通过线上和线下的方式，围绕区域双线融合主张，紧扣学科教学与信息化素养融合理念，针对区域智慧教育背景下普遍开展的混合式学习进行双线融合下的智慧教学实践，深入研究不同课型的混合学习开展方式以及混合学习的实施策略。该团队以 TPACK 为基本培养模型，即技术专家、学科专家、学习者三方共同作用，采取集中培训、网络学习、示范课研讨；教研中采用观课、议课、磨课的形式，将理论与实践相结合，帮助教师形成认知、掌握方法、具备双线融合教学的设计与实施能力。经过两年的培养，明显地看到种子教师通过系统地学习和充分地实践，对双线融合教学内涵进行了深入的挖掘，在有意识地调整教学目标、改进教学方法，尤其是用好教学资源和分析学习数据能力最为突出，同时做好学习管理。这有效地促进了双线融合教学新模式的探索，同时积累了丰富的数字资源成果。

（3）项目学校试点，研究双线融合教学策略

20所项目校立足于"教与学方式变革"研究，以"双线融合"推动课堂变革和以"数据驱动"支撑变革实践两条路径，引导学校聚焦"以生为本、结构优化、双线融合、评价监测、资源建设、数据赋能"六个方向，从"教学思想、教学目标、操作程序、师生关系、教学场景、教学评价"六个切入点进行研究，推进信息技术与教育教学深度融合，形成武侯教育数字化转型的典型经验。目前，以武侯实验中学、北二外成都附中、科技园小学等为代表的一批学校，一边开展教学实践，一边积极提炼总结经验，形成了一系列具有推广性、个性化的教学典型案例。

（4）教学实践共同体，构建具有学科特色的课堂结构

通过构建共同体的方式，可以更加高效地促成群体间教师教育理念重塑、教学方法完善、教学经验探讨的实现。[3]武侯区上下合力推进"教育数字化转型"研究，成立由成都市武侯区教育局、技术装备与信息中心、教科院、机投小学、北二外中学、科技园小学和武侯实验中学组成的教学实践共同体。双线融合式教学实践共同体不仅建立了由教育部智慧教育专家组、本土高校和权威教研机构专家组成的智库，还构建了合作研究体系，先后与中国教科院、北京师范大学、电子科技大学、四川师范大学签订战略合作协议，持续强化推进信息技术与教育教学深度融合，促进"学生个性化学习、教师差异化教学"展开实践，根据终端环境，制订相应策略，构建具有学科特色的课堂结构。

4. 实践效果

深化"双线融合式"教学内涵，加速了区域教育数字化转型。从疫情期间在全区铺开的"线上线下"课堂开始，通过课程建设和课题引领，不断丰富双线融合课的内涵和类型。目前已经形成了自导式、数据驱动精准式、双线融合式、自信分层式、项目式等典型案例，引导了一批老师主动研究课堂，主动拥抱技术，不断强化信息技术与教育教学的融合，提升了教师信息素养，并在区内外产生了积极的影响。

1）典型学校案例

（1）以成都市武侯实验中学为代表的"双线融合式"课堂。武侯实验中学采用"双师双空间"方式，创新探索"双线融合式教学"和"探究性学习"两种教与学方式，提升教师信息技术与课堂教学深度融合能力，深入推进课堂教学改革。"双师"是指真实教师和虚拟教师，"双空间"是指教师个性化教学空间和学生个性化学习空间。在线上，跨越教学时间和空间的限制，让每一个学生获得最好的课程资源，学生自主控制学习的时间、地点、路径或进度，进行个性化学习；在线下，教师针对本班学生进行"自导式"教学，让每一个学生能够获得更适合自己的学习帮助，进行差异化教学。

（2）以武侯区机投小学为代表的"自导式"课堂。教师依托"预学指导单""预学检测单""课堂训练单""课后训练单"这四单支架，借助"三段九环"的学习流程，围绕教学目标，打通课前、课中、课后，真正实现了教师精准教，学生自主学。成都市武侯区机投小学的自导式教学改革从构想提出到教学实践，历经三年，形成了系统的课堂教学形态，助推双线教学新生态，实现教学和评估一致，促进学生自信、教师成长、学校发展。

（3）以北二外附属中学为代表的"自信分层式"课堂。自信分层课堂中，教师扮演

了"引路人"的角色，以信息技术加持学生自主探究学习，协助学生互助合作，鼓励学生大胆表达、增强自信。这种动静结合的"混合自信课堂"教学模式，让学生成长回归教育本位，让技术精准赋能学习过程，有效提高了课堂效率，满足了学生个性化的学习需求。

2）辐射影响

2020年，《实施在线教学确保"停课不停学"的武侯实践》发表于《人民教育》，《后疫情时代的课堂教学变革：双线融合式教学》发表在《四川教育》，《混合式学习形态下教与学的变革初探》发表在《光明日报》《教育家杂志》；武侯的教育实践在世界公平教育国际研讨会上进行了经验分享。同年12月25日，武侯区教育局《以课堂变革推进智慧教育创新实践》在全省基础教育年度盛会上做了精彩的发言，全省代表观摩了武侯区六所学校的好课堂和好管理。2021年9月28日，武侯区教科院院长周文良在四川省教育学会学术年会上分享了《立足教学结构重组的武侯教与学变革实践》。2022年3月16日，周文良院长在"携手清华，以研促教"的线上研讨会中向与会人员分享了"武侯智慧教育实践"经验，获得一致好评。

5. 问题与思考

武侯区对教学进行了场景再造、数据赋能、结构优化，通过改变"三种结构"，突破"三大瓶颈"，促进教与学方式的变革，即改变教学组织结构，突破学生主体地位不显的瓶颈；改变学习资源结构，突破个性化学习支撑不够的瓶颈；改变教学评价结构，突破课堂教学反馈不及时、不全面的瓶颈。这些实践，使得教学价值观和教学文化都在发生新变化，一种武侯主张的教学新生态在逐渐形成。但是，研究和实践还是碎片化的，实践经验缺乏提炼，数据的融通和师生的能力素养等还需要进一步提升。

教育数字化转型指的是将数字技术整合到教育领域的各个层面，推动教育组织转变教学范式、组织架构、教学过程、评价方式等全方位的创新与变革，从供给驱动变为需求驱动，实现教育优质公平与支持终身学习，从而形成具有开放性、适应性、柔韧性、永续性的良好教育生态。武侯"智慧教学新生态"在教学变革方面，积极探索以学生为中心的教与学的模式创新，促进学生开展自主式学习、探究式学习、混合式学习、体验式学习等。武侯教育数字化转型在"教学新生态"建设中稳步推进，有效促进了学生课前独立思考、提出问题，课中合作探究、解决问题，课后评价反思、自主建构的深度学习能力，努力实现"培养智慧型、创新型人才"的建设目标。

本篇参考文献

[1] 祝智庭，胡姣. 教育数字化转型的实践逻辑与发展机遇［J］. 电化教育研究，2022，43（1）：5-15.

[2] 张又伟. 教育部深入实施"教育数字化战略行动"［J］. 教育与装备研究，2022，38（3）：1.

[3] 李家黎. 学习共同体：教师专业发展的有效途径［J］. 教育探索，2008（10）：101-102.

【本篇案例供稿：成都市武侯区教育科学发展研究院】

二、深圳市龙华区——教育高质量发展跑出"加速度"

摘要： 教育新基建背景下，区域教育高质量发展面临实施策略调整、管理转型升级、新型数字教育资源共建共享、创新应用方式转变等新趋势。龙华区作为深圳市基础教育改革的前沿阵地，定位"办全国最好的区域教育"，以"龙华创新实验班"教改项目为切入点率先探索信息技术与教育教学深度融合，开展"以学生为中心"的混合式教学，推动课堂教学创新改革，切实提高龙华区基础教育育人质量。

龙华区作为深圳市基础教育改革的前沿阵地，定位"办全国最好的区域教育"，自2017年正式设置为行政区以来，大力推进教育信息化、教育资源数字化建设。2019年颁布的《深圳市龙华区关于推动教育高质量发展的若干措施》指出，深化基础教育综合课程改革，实施课堂教学改革，打造"龙华教育智能体"，系统谋划推进龙华教育国际化。《龙华教育发展"十四五"规划》也明确指出，推进智慧教育创新领跑，提升信息化应用水平；实施未来学校建设工程，创设智能化校园，探索信息技术融合与教育教学融合创新。

龙华教育始终坚持智慧教育创新发展，在全面升级教育新型基础设施体系过程中，有以下五大创新举措，构建"智能+"时代龙华教育智能体；打造高水平课程改革创新团队；构建融通"三级五类"课程体系；面向人工智能时代优化教育资源供给模式；加大创新拔尖人才培养力度。但因其起步晚、底子薄，仍然未有常态化的深度融合创新路径，具体体现在：①数字教育资源种类单一，且主要服务于教师备课，学生自主学习无法使用。②课堂教学模式仍然以教师单向灌输传授式为主，缺乏学生合作、探究活动。③未深入采集教学大数据，进行精准分析，驱动区域教育治理现代化。

基于此，龙华区引入慕华成志的"未来课堂"教改项目，在7所学校初中学段开设创新实验班，涵盖语文、数学、英语、物理、化学五大学科开展混合式教学改革实践研究。慕华成志围绕教育新基建中的数字资源、平台体系和创新应用，打造一个惠及区域内所有学校的数字基座，推动龙华区教育数字化转型。

（一）目标与任务

（1）推进龙华区教育新型基础设施建设，充分利用"互联网+教育"的各种技术与优质教育资源的配合，完善区域学校教育教学信息化建设与应用，推动区域教育数字化转型。

（2）推动信息技术与教育教学深度融合，在课前、课中、课后全过程中，协助教师提高教学水平，帮助学生提高学习兴趣与学习效果，为教师和学生减负增效。

（3）提升师生信息化素养和应用能力，为探索"互联网+"条件下的教育服务新模式奠定基础，构建区域教育新生态。

（二）方法与措施

1. 数字资源新型基础设施——新型资源、工具和定制服务

慕华成志自主研发以动漫微课为核心的立体化数字教学资源体系，可灵活应用于课

前预学、情境导入、知识扩展、复习总结等多种教学场景，基本覆盖义务教育阶段语文、数学、英语、物理、化学等五大学科所有知识点，并持续研发生物、地理、历史、科学、道德与法治等学科微课以及足球、道德教育、安全教育、中华传统文化等特色课程，满足课后服务和校本课程活动等场景的拓展需求。

此外，还提供标准化的PPT课件、导学案、试题试卷以及音频、名师录播课等其他资源，助力教师开展信息化融合教学。

2. 创新应用新型基础设施——智慧教学平台研发应用与教研服务

慕华成志基于资源、平台、服务，打造智慧教学平台——"未来课堂"。"未来课堂"应用"线上+线下"的混合式教学模式，整合了在线学习和传统课堂学习的双重优势，重新定义"教"与"学"，从而调动学生积极性，有效提高课堂教学效率。

"未来课堂"在已有优质资源的基础上，首创"'3+5'混合式教学模式"，"三"是指"课前、课中、课后"整个教学环节；"五"是指利用"传递—接受教学模式、主题探究教学模式、基于问题教学模式、小组合作教学模式、翻转课堂教学模式"开展课堂教学。同时，编写《未来课堂混合式教学指导书》和开展教科研培训，帮助教师更好地应用教学资源和教学平台。

3. 平台体系新型基础设施——"互联网+教育"大数据平台

教育新基建提出，要构建互联互通、应用齐备、协同服务的"互联网+教育"大平台，促进教育数据应用，推动平台开放协同。慕华成志构建爱学云"互联网+教育"大数据分析平台，一方面提供教育督导、教育评估，利用大数据进行精细化管理；另一方面，数据看板功能自动更新、滚屏，对教学管理质量实时监控。同时，其还依据决策支持、学情监测、适应性学习、学业评价、学习预警、深度学习行为诊断、学生画像七大模型，构建驱动教育政策科学化、驱动教育评价体系重构、推动区域教育均衡发展、助推学校教育质量提升、促进师生个性化发展五大应用模式，有效支持区域教育的精准供给，不断调整区域教育均衡发展的方向和力度。

（三）建设与应用

1. 以教育信息化助力教育教学改革，创办龙华创新实验班

2019年，龙华区引进慕华成志"未来课堂"深度课改平台，在7所学校的初中部开设创新实验班，以现代教育科技为工具，为学生提供丰富的优质学习资源，打造实体课堂和虚拟课堂相结合的混合式教学模式，切实提升课堂教学效率和教育质量。

"龙华创新实验班"是龙华区首批混合式教学改革实验项目，项目依托清华大学"光谱式"教学理念，采用"局部示范、探索模式、循序渐进、逐步迭代"的原则，充分鼓励教师根据学科核心育人目标和学情开展灵活的混合式教学。创新实验班引入"未来课堂"解决方案进行常态化教学，包括硬件、智慧教学平台、立体化数字资源、服务全线支持，为教师提供6000节动漫微课、12000套课件与学案、18000节名师MOOC等优质教学资源，借助学情分析、作业报告、互动答题、数据记录等功能，实现课前、课中、课后混合式教学全周期支持，获得师生的一致好评。

2. 以大数据驱动教育创新，构建智慧教育新生态

为满足龙华区教育局和学校对"龙华区创新实验班"教学情况实时监测及管理，慕华成志打造了"龙华区未来课堂大数据看板"，实现对教与学可视化大数据分析，实时展示创新实验班整体教学情况。根据数据跟踪发现，7所学校教师活跃率均达到了100%，表明所有创新实验班教师均使用了系统进行授课，实现了常态化应用。

在提升"教育治理能力"方面，构建"基于数据说话"的教育治理方式，通过大量教育数据的采集、处理和分析，从而形成大数据看板，规范龙华区教育大数据的平台建设及数据治理。对于教育管理者来说，平台是进入教育管理系统、大数据中心、资源中心的入口，可进行管理、数据统计、信息发布等。

在推动"教育决策能力"方面，根据学校发展、教师发展和学生发展的整体情况进行数据监测。平台帮助学校科学运用信息化工具开展管理和教学，提供"精准管"和"精准教"的教育决策智能支撑，有效支持区域教育的可视化，以数据治理驱动区域和学校管理模式创新。

在增强"教学服务能力"方面，"龙华区创新实验班"项目学校通过大数据驱动教学创新，平台根据每个学生独特的学习反馈和数据，帮助教师激发每一位学生的自主学习意识，灵活调整教学形式，制订个性化的教学方案，为学校教育教学提供辅助服务。

（四）机制与保障

1. 加强高质量教师队伍建设

为推进"龙华区创新实验班"常态化教学落地，以研促教，慕华成志搭建交流平台，开展多期校际教研交流活动，集公开课、专家入校磨课及评课、网络教研多种形式于一体，以点带线、以线带面，实现对整个区域的引领示范作用，从而带动龙华区教师信息素养的提升和信息化教学能力的提高。

在龙华区创新实验班校际教研交流活动上，来自新华中学的林晓雪老师利用"未来课堂"平台进行七年级英语《走遍亚洲》（*Travelling around Asia*）示范课。在5G技术的加持下，示范课灵活运用动漫微课导入、学情分析、作业报告、抽签、投票、照片上传等功能，将线上与线下教学相结合，并通过小组讨论等形式，充分激发学生学习兴趣，让学生深度掌握知识要点，成为课堂教学创新的有效工具。

2. 教科研课题引领

在教育部在线教育研究中心基础教育部的指导下，清华大学人文学院人文教育发展研究中心联合慕华成志共同发起设立"全国未来学校"专项研究课题（总课题编号：TS［2021］WLXX001），清华大学教育研究院长聘副教授李锋亮担任总课题负责人。课题推动学校形态变革和全方位改革创新，系统研究国内国际已有的教育教学探索和改革创新的经验。

2020年11月，"全国未来学校"课题立项研讨会在龙华区召开。龙华区教科院及7所"未来课堂"项目学校深度参与，从育人目标、课程标准、教学模式等多维度进行探索。经课题组进行评审，共14所学校申报的子课题入选立项，龙华区教科院附属学校、高峰学校、民治中学、玉龙学校、新华中学等五所学校获批子课题。与此同时，龙

华区共创作 5 篇教改论文，将"全国未来学校"课题研究成果应用到龙华区教学改革中，引导和帮助"龙华区创新实验班"教师积极投身于教学改革创新、提升教科研能力，以新理念、新方法、新技术持续提升和改进教学质量。

3. 课堂教学问卷调查反馈

2021 年 1 月，在面向"龙华区创新实验班"发放的不记名学生问卷调查中，共回收有效问卷 890 份，让学生自评这种全新学习方式对自身能力素养的提升效果，五大维度分别为：团队协作与沟通能力、批判思维与创新能力、表达与展示能力、自主学习能力和信息素养。学生自评平均分在 3.87 分以上（0~5 分量规）。在面向"龙华区创新实验班"授课教师发出的不记名问卷中，回收了有效问卷 51 份，结果显示教师在资源配置、动漫微课、题库试卷、平台备课、平台授课等多个方面对智能教学系统、数字教育资源满意度都较高。

同时，调查问卷针对师生是否认可这种线上线下相结合的混合式教学进行了不记名投票，结果显示，分别有 97.07% 的学生和 100% 的教师支持或认可"龙华区创新实验班"的学习和教学组织形式。

（五）成果与经验

目前，龙华区 7 所学校实现"未来课堂"信息化教学常态化，在教育教学改革实践中，以混合式教学为抓手，初步形成学生学、教师教、课堂互动、学校治理、教育评价五大创新变革的心得和成果，打造线上线下混合式教学的中国范式。

1. "学"——培养学生自主学习力，促进深度学习

通过教科研课题引领、网络磨课、数字教学资源更新等方式，在课前、课中、课后实现"预学—共学—研学"，增加学生的参与感和决策幅度，培养了学生主动学习的习惯与能力。

2. "教"——创新教学模式，转变教师角色

由以往单向传授的讲师变成促进学生自主探究、深度学习的"导师"和"学习工程师"。通过混合式教学改革激励教师转变角色，同时也提升了教师的信息素养，让教师更加接受信息技术在课堂中的使用，形成了教育信息化发展与混合式教学发展相辅相成的局面。

3. "动"——课堂数字化教学互动，打造高效课堂

改变传统课堂单向灌输方式，从以学生为中心的教师教学方式向启发式、引导式转变，从学生被动接受向学生主动学习、合作探究方式转变。利用"未来课堂"智慧教学平台，支持多种教学模式，使"因材施教"成为可能。

4. "管"——大数据助力决策，实现现代化教育治理

探索信息时代教育治理模式，科学构建智慧校园教育管理信息系统，结合区域学校实际情况，实现教与学全过程的教育管理与监测体系，推进基于大数据的教育治理方式变革，探索面向未来的学校治理体系和治理能力发展模式。

5. "评"——过程性多元教育评价，以评促教、以评促学

响应《义务教育质量评价指南》精神，利用大数据技术提高评价工作的科学性、针

对性、有效性，优化教育评价的方式方法。注重结果评价与增值评价相结合；注重综合评价与特色评价相结合；注重自我评价与外部评价相结合；注重线上评价与线下评价相结合。

在教育部在线教育研究中心基础教育部的指导下，由清华大学人文学院人文教育发展研究中心、未来教育行动计划组委会发起，深圳市龙华区教育局和慕华成志将阶段性教学改革成果生成《龙华区混合式教学改革成果汇编》，包括教改论文、说课分享、公开课、常态化教学报告等，为全国面向未来的课堂创新改革提供龙华样本、贡献龙华经验。

【本篇案例供稿：深圳市龙华区教育局】

三、山西省泽州县——未来教育示范区探索实践

摘要： 面对国家建设高质量教育体系的发展目标，着力探索区域教育数字化转型，泽州县发布"未来教育示范区"行动计划，以教育新基建目标为指引，依托"互联网＋教育"大平台，以信息化为手段扩大优质教育资源覆盖面，通过构建智慧教育平台、创新教学模式、均衡优质资源、提升学校治理、引领教育科研、打造区域特色等，推动信息技术与教育教学融合创新，探索未来教育发展新模式，全面促进泽州教育优质均衡和高质量发展。

1. 建设背景

面向教育高质量发展需要，以 5G、大数据、云计算、人工智能等信息技术为代表的教育新基建，正逐步推动教育信息化发展走向新的阶段，为促进教育数字化转型、构建高质量教育体系，提供了牵引力量和基础支撑，也为区域教育信息化发展带来新的机遇和挑战。近年来，泽州教育坚持改革创新，完善城乡教育基础设施，积极改善教学环境，先行先试，教育开放迈出坚实步伐，但还面临诸多挑战。如县域优质教育资源发展不均衡，传统教学信息化应用亟待创新等。为积极探索构建教育新基建生态，加快推进泽州区域教育数字化转型，泽州县发布了"未来教育示范区"行动计划，以信息化为手段扩大优质教育资源覆盖面，依托"互联网＋教育"大平台，创新教学、评价、研训和管理等应用，推动信息技术与教育教学融合创新，促进教育理念的创新和教学模式的深刻改革，提升教学质量，促进教育公平，探索未来教育发展新模式，全面促进泽州教育优质均衡和高质量发展。

2. 建设目标与框架

（1）建设目标

泽州县教育局围绕服务区域教育优质均衡，高质量发展为改革总目标，积极探索未来教育发展模式，依托"互联网＋教育"平台，创新教学、评价、研训和管理等应用，促进信息技术与教育教学深度融合，实现"教学、管理、科研、服务"全面提升，推动泽州教育迈上新台阶。

- 实现优质教育供给，义务教育向优质均衡迈进。

- 推动信息技术与教育教学深度融合，打造高质量课堂。
- 深化管理应用，县域信息化治理能力显著增强。
- 教师信息素养、专业化水平明显提升。

（2）建设框架

采用"大学支撑、政府监管、企业服务、学校实践"模式，融合区域正推进的数字资源、智慧校园、创新应用的新型基础设施体系，以教育信息化技术迭代与应用升级为推进，保障泽州未来教育示范区项目实施落地，确定"1464"总体建设思路。

"一"个目标：打造未来教育示范区，服务区域教育优质均衡、高质量发展。

"四"个学段：学前、小学、初中、高中全面实施。

"六"项举措：以教育信息化数据平台和优质资源为基础，以学科育人、活动育人和融合育人为抓手，通过构建智慧教育平台、创新教学模式、均衡优质资源、提升学校治理、引领教育科研、打造区域特色。

落实"四"个行动目标：带动区内实验校在"教学、管理、科研、服务"维度整体变革，全面促进信息技术与教育深入融合，提升教师和学生的信息素养，形成一批智慧教室、创新课堂、未来学校，并总结有效经验与具体做法，统筹协调，分区、分类、分步推进，逐步向全区域辐射推广，实现高质量发展，提升区域影响力。

3. 创新举措

1）构建智慧教学平台，打造智慧教育底座

平台以人工智能、大数据、云计算等新兴技术为基础，以未来课堂为核心，构建了集资源、应用、管理于一体的数字基座，以教育教学模式变革，促进"学、教、互动、治理、评价"五大教育应用场景，包括线上线下融合的未来课堂智能教学系统，支持教师高效备课、精准教学的教育应用系统；学生学业数据智能采集系统；学生个性化学习和自主评测系统；基于大数据学情监测平台和开放共享的校本资源平台等。以泽州三中和枣园学校为试点校，先行先试，探索智慧教育教学新环境。

2）创新教学应用，全面实施信息技术与教学的深度融合

（1）智慧备课教研。教师课前，利用立体化备课资源包进行在线备课，适配山西泽州县域使用教材知识点的动漫微课、成品课件、教学设计、示范课例，还有结构化的精品题库。教师也可以新建上传PPT课件，以及完成查题、组卷、推送等操作，帮助老师轻松、高效、快速备出每一节课。另外教师通过个人备课、集体备课等形成了校本资源、区域资源，最终实现共享共研。

（2）智慧课堂教学。构建"以学为中心的'三学四动'混合式教学模式"，以智慧教育平台和智慧教育资源为载体，全面深化信息技术与教育深度融合实践研究，探索全学段、全课程、多环节、更深层次的融合教育，实现深度学习的真实发生。"三学"即预学、共学、延学；"四动"即问题驱动、情境调动、工具撬动、平台互动。

预学：课前自主学习。教师利用平台向学生推送微课视频、布置预习自测。学生通过教学平台进行自主学习，满足了不同兴趣和能力学生的个性化学习需求，教师利用平台大数据精准了解学生的学习进度、检测学习行为和学习数据，为精准教学实施提供了数据保障。

共学：课中精准教学。教师根据课前学习数据精准设计课堂内容，通过创设任务情境，设置问题链、问题组帮助学生把碎片化知识整理成体系并内化吸收，利用信息化工具将思维外显，突破学习重难点，同时利用平台进行抢答、投票、点赞，利用一键推送等工具搭建师生、生生互动交流平台，还可以利用随堂练习进行二次推送，实时检测学生是否达成学习目标，实现课堂精准教学。

延学：课后分层作业。对于学习能力强的学生推送拓展性的高阶题目，对于未完成教学目标的同学推送达标题目。平台实时采集学生作业过程中的作答时长、正确率等信息，通过人工智能技术进行智能批阅，生成作业报告，教师可随时查看典型错误，实时反馈。

（3）智慧学业评价。以"常态测练＋考试"为切入点，通过"智能题库＋数据采集＋学情报告"为学校的日常测验、期中、期末、模拟考试提供阅卷与分析服务，客观题自动批阅，教辅作业拍照提交。有效帮助教师精准掌握班级、年级学情，指导学生进行个性化学习；帮助学校进行学情分析，构建分层教学方案，实现教学过程全流程闭环。

3）推动云课堂，优质教育资源均衡辐射

全县域通过泽州爱学云教学系统及课程资源，为师生提供丰富的立体化学习内容，资源覆盖全学段，17个学科，目前总量达到160万多，全县师生需求全覆盖。内容主要包括学生学习资源、数字化备课资源及个性化特色资源。类型包括动漫微课、PPT课件、导学案、题库、中小学MOOC、英语音频等，有效助力师生开展在线自主学习及线上线下信息化融合教学，并促进了跨区域优质教育资源均衡辐射作用。

4）数据驱动，提升现代学校治理

一方面依托人工智能、大数据技术，通过大量教育数据的采集、处理和分析，形成大数据看板，实时更新，动态展示学校及区域整体教学情况，构建"基于数据说话"的教育治理方式，并基于学校、教师和学生发展的整体情况，提供了"精准管"和"精准教"的教育决策智能支撑；另一方面构建现代学校治理体系，从发展规划、文化建设、高效课堂、特色课程活动等多维度完善育人体系，增强教学服务能力，提升现代学校治理。

5）专家引领教育科研，提升教师专业能力

（1）开展信息化学科融合专题培训。以教师的信息化素养能力提升为目标，根据不同层次的培训需求，建立教师信息技术应用培训菜单，邀请相关领域专家开展教师信息素养、混合式教学模式、信息化教学设计、教学实施、创新教学、教育科研、学习科学等领域的培训研修课程，通过前沿理论、学科实践、案例分享多种形式搭建教改实践交流平台，助力区域学校教师信息化专业能力提升。

（2）常态化应用驱动。以实践应用驱动信息化融合教学。建立评价激励机制，对教师信息化教学应用提出明确要求，制订《教师考核评价机制》，以考核评价驱动教师的常态化应用；组织教师积极运用信息化教学模式进行教学实践，形成课例进行研讨，在研讨中聚焦共性问题进行突破，以目标为导向，以成果促应用；反思总结，形成校本研修模式，走出一条实效之路。

（3）以研促教，开展信息化教学研讨活动。在试点校开展未来课堂月度听评课活动，全面展现信息技术支撑下的新型教学与教研模式，实践"说—讲—评"，通过展示分享、交流研讨、优化活动设计调动学生高阶思维能力，提升课堂教学质量。并遴选种子教师，落实每个种子教师打造一节"金课"，学科专家全流程指导，形成混合式教学模式的金课案例，以点带面，示范引领。

（4）举办全学段教育信息化优质课比赛。搭建交流平台，组织区域间的观摩交流、评优赛课、全国信息化教学创新大赛等，制定了《信息化课堂教学评价规范》，落实全学科、全学段积极参与。在活动中学习、研究，提升信息化教学融合能力，实现以评促教、以评促用。

（5）遴选实验校开展应用课题研究。依托清华大学人文学院人文教育发展研究中心发起的课题，启动课题引领的探索机制，形成了基于案例驱动的信息技术与教学融合实践能力发展模型，以研促教，在研究中全面带动教师的信息素养及专业能力提升。

（6）围绕新型教与学模式，形成典型案例分享。围绕信息化教学应用，建立新型教与学模式。通过教师自主提交，再经校级、区域筛选，搜集典型案例，汇编形成应用案例集。针对优秀案例，给予奖励及表彰，提高了教师参与的积极性，建立了典型案例分享机制。

6）科技创新，打造区域人工智能特色

依托清华大学 iCenter 创客空间，全面推进素质教育，积极探索 STEAM 理念、创客教育等新教育模式，提升学生信息素养，培养未来创新人才。以金村小学、巴公中学、成庄矿中学等 7 所学校为第一批试点学校，分层分批推进实施。通过建立科创课程体系——计算机编程与算法、智能硬件与机器人、设计与创意三大领域课程体系，以及打造科创空间、搭建教学云平台、进行师资培训、开展双师课堂等一体化解决方案，全面提升学生的计算思维、学习能力和创新实践能力，打造区域科创特色。2021年11月，泽州三中在全国中小学信息技术创新与实践大赛——人形机器人任务调整赛（初中）中荣获二等奖的好成绩。

4.应用机制

（1）成立未来教育项目小组。成立教育局未来教育项目工作领导小组，以教育局局长为小组组长，各牵头科室及相关部门抽调重点负责同志按职责分工，开展项目管理、实施、培训、应用等各项工作，系统推进；成立项目校未来教育项目工作小组，以校长为小组责任人，统筹学校信息化工作，教学负责人及骨干教师按职责分工，确保有效开展；成立企业支持服务小组，负责项目的技术应用及服务支持。

（2）建立专家协同机制。邀请清华大学、首都师范大学等教育信息化专家，为我区未来教育实践探索作出顶层设计规划；依托专家团队，建立教师成长共同体，对项目校教师给予跟踪式交流指导，组织专家定期走进学校，参与一线教师的公开课，了解教师信息化教学开展情况；举行交流座谈会，针对教师在教学实施中遇到的问题，进行有针对性指导，培养一批教学业绩突出、信息化应用能力强的教师团队。

（3）统筹协调，试点先行。在幼儿园、义务教育、高中各阶段探索教育规划、资源设计、环境建设、队伍升级、治理提升等方面改革措施，立足区域发展实际，有序遴选项目试点学校，进行实践探索。通过经验积累、模式提炼，以及探索理念、课程、资源、管理、教学、学习等方面创新，统筹协调，分批推进。

（4）技术支持服务。项目学校派驻助教进行常态化教学支持，为教师提供教学服务、平台应用服务，帮助教师更好地开展信息化教学。运营和技术团队线上线下提供"7×24"技术支持服务，第一时间通过多途径解决使用过程中的平台技术问题，助力项目更好地开展实施。

5. 效果与经验

（1）优质资源共建共享，促进区域均衡高质量发展。通过泽州爱学云平台，在全县范围内实现优质教学资源共建共享，补齐乡村学校教学资源缺乏等短板。通过信息化手段扩大优质教育资源的覆盖面，促进区域教育的优质均衡发展。近年来，泽州县在国家义务教育质量监测中，教育均衡化程度不断提升，大大缓解了乡村教育的主要短板，提升了区域教育质量。

（2）打通"课前—课中—课后"信息化教学应用路径。基于智慧教学平台及资源，围绕信息技术赋能教与学的深层次应用，聚焦课堂教学模式变革，构建了"课前—课中—课后"的三学四动混合式教学模式，打通智慧备课、课堂教学、智慧评价的应用路径，提升课堂教学质量，保证信息化教育教学的实践效果。

（3）应用为王，师生信息素养得到显著提升。通过实施开展未来课堂、科创教育，推进教育教学方式变革，落地信息化应用场景，通过专家引领，线上线下教学研讨与校际交流等活动，师生信息素养得到较大提升，教育理念得到更新，课堂教学质量得到提升，教育综合实力不断增强。近3年，泽州教育获国家级荣誉2项，省级荣誉5项；在各项学科竞赛中，有243人获得奖励，在科技创新竞赛中，有23项成果获得奖励。

（4）育人体系更加完善，学校治理能力显著增强。以数据驱动教育决策，为精准教育教学、教育管理、教育评价提供数据基础和服务支撑，构建了基于数据可视化的教育治理新模式，融合育人路径使教育体系更加完善。落实试点探索、示范引领、经验推广等环节，逐步推动泽州教育信息化、品牌化，大力提升了区域教育治理体系和治理能力水平。

6. 总结与展望

以教育信息化融合创新应用促进区域教育优质均衡高质量发展，目前泽州教育已初显成效。未来，泽州将持续推进"未来教育"系统性建设，坚持"应用为王"的原则，开发区域精品资源，探索基于信息技术的新型教与学模式，健全培训机制，出台可操作性的考评激励方案；加强大数据平台建设，为精准评估教育教学现状、预测教育发展提供教育决策支持，有效提升教育质量、促进优质教育均衡发展。

【本篇案例供稿：山西省泽州县教育局】

第五章　教育创新与实践的新机遇和新挑战

第一节　面向未来教育的思考

教育高质量的发展离不开所处的时代背景及对未来教育的研究，在若干年以前，未来教育和未来学校到底是什么样的，图景并不是特别清晰。而科技革命的发展，正在使未来教育和未来学校的图景日趋清晰。

教育部在线教育研究中心、教育部学校规划建设发展中心、中国教科院未来学校实验室、北师大未来教育高精尖创新中心等众多权威部门均发布了未来学校实验等相关内容。有专家指出，未来学校一定要有总体性的技术思维。总体性的技术思维是指在学校形态变革的前提下从整合的角度考虑人工智能、大数据、区块链等核心技术对教育的影响。新技术的发展对未来教育的影响主要体现在六个方面：宽带、移动互联和云是未来教育基础设施重要的组成部分；大数据是未来教育运行基础的重要组成部分；区块链是教育信息记录、评价的基础；VR、AR 会使教育空间结构发生改变；人工智能会使教育从宏观到微观的整个组织方式都会发生改变；神经技术将会使得信息转化机制发生改变。

也有专家指出，教育面临的新要求和新挑战，可以简单概括为三句话。即国家进入新时代；教育处在新周期；科技孕育新未来。

在慕华成志组织承办的"第五届全国中小学未来教育高峰论坛"会上，部分权威专家提出了基础教育高质量发展与未来教育发展的相关观点，内容如下。

国家教育行政学院李五一教授指出，我国经济社会发展面临着新形势、新任务，给基础教育的发展带来了重要的机遇与挑战，随着"十四五"规划和 2035 远景目标纲要的公布，我国教育进入了高质量的发展阶段，教育改革发展的外部环境和政策已经发生了深刻的变化。我们未来将面临新形势、新阶段、新格局、新目标、新要求，在这种情况之下，我们的教育模式有的已经不适应当下复杂的环境。所以，我们要以未来的眼光建设未来的学校，通过先进的教育模式，培养出未来的人才。

国务院参事汤敏提出，如果说 20 世纪学生的追求是安居乐业、稳定保障等，而到了现在和未来，学生们追求的就是突破、挣脱束缚、释放自我。在这种情况下，我们的教育应该适应于未来的发展。教育最大的成功是让学生学会学习，就是让未来的学生可以保持终身学习。如果我们用传统的方式，那当然很难解决这个问题，但是现在有些新方式，比如用动漫微课、混合式教学、人工智能、互联网的方式来推动未来教育模式。

中国教育学会教育管理分会理事长马宪平提出：让教育回归原点。对教育基本问题的认识是我们把握未来教育的一个重要认识基点，我们不要盲目地提新概念，改革动作不要花样翻新。一所学校在未来发展当中一直要保持一种镇静，保持一些定力，不要被社会和家长牵着鼻子走，所以说立足当下，着眼未来。我觉得观念变革是关键，教师发展是基础，有效融合是根本，技术支撑是保障，从这个角度去研究我们的未来学校，我们可能还是需要一些大胆的突破。对未来学校的改革一定是温和而坚定的，温和的体现不是将改革的意愿强加于人，是在广泛民主对话中开启的，是在不断唤醒教师、成就教师当中去推进的，坚定是面临困难重重、面临现实中的社会舆论和困境，我们要始终坚持变革的方向不动摇，把未来学校真真正正地、踏踏实实地、一步一步地推向一个新境界。

北京师范大学刘坚教授提出，我们要推动指向核心素养的项目式学习。我们不能说它是实现核心素养的唯一路径，但国际上有足够的证据证明，项目式学习是实现核心素养的有效路径。中小学阶段让孩子们基于项目式学习，挖掘、保持、激发每一个孩子与生俱来的好奇心，带着这样的好奇心走向社会、走向大学、走向科学院，才有希望、才有可能有原创性的发现和突破，所以项目式学习是个有力的杠杆。

第二节　双向重塑与双向促进的产教融合

一、理性思考产教融合中的双向价值与双向促进

教育的兴盛给企业带来多种发展的机会，企业的技术革新也在不断解决教育教学中的很多难题，如知识图谱、数字画像、AI助教、学分银行、虚拟实验、协同教研……在技术不断驱动和改变教育的同时，也在促进教育发展中的很多商业机会，带来企业的发展机遇。企业也在技术更新与产品迭代中不断完善流程，重构内部组织，重建服务体系，重新研究与整合更多技术赋能教育的新场景、新应用、新模式，形成融合创新应用的混合式支持格局，形成中国式教育创新与实践的双向促进氛围。

无论是数据驱动、精准教学，还是数字化管理、过程档案等，当今的教育已经离不开数字化环境的支持，"90后""00后"一代以及后期的新生代会更加熟悉和习惯于数字化环境下的学习、生活与工作。教育与科技企业的双向重塑与双向促进正形成社会发展生态中的一道亮丽的风景，产教融合已成为教育、科技、人力等协同发展的社会常态。

党的二十大报告中指出："坚持以人民为中心发展教育，加快建设高质量教育体系，发展素质教育，促进教育公平。加快义务教育优质均衡发展和城乡一体化，优化区域教育资源配置，强化学前教育、特殊教育普惠发展，坚持高中阶段学校多样化发展，完善覆盖全学段学生资助体系。"教育部提出"在服务经济社会区域发展中，更好地发挥教

育作用，推动更高水平对外开放，加快教育数字化战略行动步伐"。

从当前的国家政策背景，结合国内外技术发展趋势分析，以数字化教育为聚合点，实现教育产业集群发展，打造教育高阶结构发展的优质资源基地，推动区域产业链的有效融合，促进教育生态的良性发展将成为行业热切关注及各地竞相发展的必然趋势。慕华成志以慕华智库为引领，通过与区域合作，帮助区域做行业企业的调研考察、目标筛选、价值评估、成熟推荐等相关流程，吸收行业优质企业共同开展数字化转型的研究与研发，提供区域教育高质量发展整体解决方案，构建未来教育差异化互补特色的产业链融合格局，为将目标区域打造成为国内领先的数字化教育产业基地和国家级教育数字化转型升级样板提供有力的行业资源与交付能力保障，也有利于推动区域教育产业基地的发展。

同样，各地区也都推出了相应的人才吸引策略，企业落地优惠支持措施，行业生态发展整体谋划，政府专项引资政策等。这些对企业的优惠政策可极大地节省企业的运营成本，对高层次人才的吸引政策也能提升企业高端人才的归属感、使命感与责任感，促进企业良性发展，解决企业发展中的人才引入和留住人才的瓶颈。

二、企业的社会责任与核心价值

2013年11月9日，党的十八届三中全会指出："要大力促进教育公平，健全家庭经济困难学生资助体系，构建利用信息化手段扩大优质教育资源覆盖面的有效机制，逐步缩小区域、城乡、校际差距。"

"努力让每个孩子都能享有公平而有质量的教育"是党的十九大报告作出的庄严承诺，是新时代教育事业总体要求的贯彻落实，更是党和国家努力办让人民满意教育的实践行动。

党的二十大会议提出："加快建设高质量教育体系，发展素质教育，促进教育公平。加快义务教育优质均衡发展和城乡一体化……"

1. 清华大学战略性部署在线教育

从"互联网＋教育"到《教育信息化2.0行动计划》，再到《中国教育现代化2035》，我国对教育事业的关注度不言而喻。在互联网时代，社会时刻发生巨大的变化，新政策的实行会给教育带来革命性的变化。如何借助科技力量促进教育公平，让优质的教育资源更好地惠及千家万户，是我们要思考的方向。

作为全国著名高等学府之一的清华大学率先垂范，积极发展在线教育，并由清华控股出资设立了全资子公司慕华教育，布局了高等教育、基础教育、双创教育、投资基金等业务板块。

2014年，清华大学发布了《关于加强在线教育工作的若干意见》，在线教育是清华大学面向未来的战略部署，也是清华控股产业布局中现代教育板块的重要组成部分。具体实施上，以慕课为抓手，构建基于网络的优质教育资源共享平台，推动深化"互联网＋"时代下的教育教学改革。

作为信息化教育的践行者，慕华成志是清华大学发起的中文MOOC平台学堂在线的基础教育频道，也是教育部在线教育研究中心与教育部基础教育司的研究交流与成果应用平台,其运营的"爱学堂",则是一家促进优质基础教育资源共享、解决基础教育资源分布不均衡的科技创新企业。

在这样的学术背景下,带着巨大教育资源优势的慕华成志入局智慧教育后,从师生到学校再到区域,打造了爱学堂、未来课堂、互联网学校、创客、清华幼教资源中心、爱学云智慧教育平台等拳头产品。

2. 企业核心价值理念下的社会责任

2015年12月,慕华成志爱学云智慧教育平台上线,利用人工智能和大数据分析技术研发教育资源公共服务平台,让亿万孩子共享优质教育资源。

2016年10月,慕华成志联合清华大学附属小学发起成立中国首个互联网学校——清华附小互联网学校,将优质课程资源及管理模式输出至合作校,惠及更多师生。

2016年12月,慕华成志联合友成企业家扶贫基金会发起乡村教育创新计划,提升教师信息化教学能力,让偏远地区的孩子享受到优质教育资源,探索乡村教育创新发展新路径。

2017年7月,慕华成志组织吉林省四平市中小学校长来到清华大学接受教育信息化专题培训,打造高素质、专业化中小学骨干校长队伍,引领学校高质量发展。

2017年12月,慕华成志联合深圳市罗湖区政府举办"第二届全球未来教育大会",国内外的教育"大咖"和各界代表云集,探讨国际、国内未来教育发展趋势与走向,分享世界在教育信息化的进展与中国的成就。

2018年2月,国务院参事、著名经济学家汤敏做客央视《中国经济大讲堂》讲解教育精准扶贫新模式,点赞慕华成志动漫课程做到了从传统知识传播到知识创造的转变。

2019年8月,慕华成志发布《智慧教育白皮书》,发布对"互联网+教育"的现状调研与未来展望。

2020年2月,慕华成志向湖北等地捐赠价值2100万元的课程资源和物资,并携手清华附小开展"停课不停学",与全国师生共同抗疫。

2020年8月,中央电视台《育见未来》纪录片讲述慕华成志教育资源落地云南省南涧县学校,优质教育资源惠及贫困山区学生和老师,成为教育扶贫典型案例。

2021年5月,慕华成志组织专家团队赴甘肃省皋兰县调研,为皋兰"十四五"规划制订实施方案,助力皋兰县建设高质量教育体系。

2021年12月,慕华成志《混合式教学指导书2.0》发布,为全国各地实施混合式教学改革提供理论依据、方法指导和实战案例,从而推动教育数字转型、智能升级、融合创新。

2022年3月,慕华成志承办的国内首场采用虚拟现实VR技术的线上沉浸式教育大会,现代学校治理改革发展研讨会召开。"深圳市罗湖区未来学校元宇宙学校"和"粤港澳大湾区未来学校协作体"正式成立。

2023年8月,慕华成志助力共建的南宁市兴宁未来学校正式开学,从开学典礼到全区的校长培训和日常的办学常规展示等,均创新打造了区域未来学校的新标杆,成为当地促进义务教育高质量发展的典型案例。同年11月,国务院参事汤敏等一行专家到校参观指导时也给予了高度评价。共建未来学校不仅实现了让周边适龄儿童"上好学"的重要任务，同时也起到了区域优质教育的辐射效果。

三、慕华成志的扶贫与扶智行动

2022年12月，在联合国教科文组织2030年教育高级别指导委员会的巴黎年会上，教育部怀进鹏部长提出："以数字化为杠杆，撬动全球教育变革。要抓住数字时代机遇，聚焦数字资源共建共享，开展教育数字化协同创新，携手实现教育包容、公平和质量的新突破。"

慕华成志根植清华，情系教育，秉承其应有的社会责任担当与企业使命，以"美好教育的承载者"为核心理念，无声地践行着教育信息化扶贫扶智的助推作用。

1. 南涧县教育扶贫

南涧彝族自治县（简称南涧县）位于云南省西部，大理白族自治州南端，地处大理、临沧、普洱三州（市）五县的接合部。2018年，南涧县提前一年精准脱贫，2019年贫困人口退出850户2486人，实现全部贫困人口清零。

相关领导参与授牌

得益于清华大学定点帮扶云南省大理南涧县的机遇，慕华教育在南涧县创造性地探索"互联网+教育"精准帮扶新模式。通过企业捐赠而产生的"慕华·南涧互联网学校"为南涧县79所中小学校的师生源源不断地输送清华乃至全球优质教育资源，促进南涧县教育教学质量提升，实现教育资源均衡发展和教育公平，有力地推动南涧县教育帮扶工作和教育可持续发展。

截至2022年年底，南涧互联网学校上有6000余节基础教育微课和八大门类50门高等教育慕课，可分别供小学、初中师生选择。平台现已开通账号总数28036个，全面覆盖南涧县所有初级中学和小学的教师和学生。其中教师账号1908个，学生账号26128个。①

扶贫先扶志，扶贫必扶智。回溯历程，自2017年起，慕华教育旗下爱学堂就已先后向南涧县捐赠在线教学资源动漫微课。2018年3月，"慕华·南涧互联网学校"正式启动，为当地79所中小学校的师生源源不断地输送来自清华乃至全球的优质教育资源。2019年，慕华成志宣布推出升级版的教育公益2.0方案，全面覆盖南涧县九年义务教育，促进了教育资源均衡发展和教育公平，有力地推动了南涧的教育扶贫工作和教育可持续发展。2019年12月，时任清华大学校长

慕华成志教育资源落地云南省南涧县山村学校

的邱勇率代表团调研南涧县工作。2020年，中央电视台CCTV-9纪录频道大型教育创新纪录片《育见未来》首期节目中，对慕华成志教育资源落地云南省南涧县山村学校做了详细报道。

互联网学校在小学师生中的推广使用，让不同年级的学生热爱这个平台，从小建立

---

① 摘录自2022年11月8日《中华工商时报》发表题为"精品网课探索教育帮扶新模式"的文章。

起主动学习的习惯。据南涧镇西山小学教务处主任老师介绍，互联网学校的教师教学平台和教师成长平台，发挥作用明显。学校计划在开展信息技术课程基础上，组建一个互联网学校平台的兴趣小组，统一在学校计算机室里进行集中学习，进一步拓宽这个平台的利用，促进全校师生进步。

对于南涧县的广大小学教师，在走出大山进修学习的机会非常有限的情况下，互联网学校教师成长平台送来可以足不出户的成长、提升机会。目前，南涧互联网学校教师成长平台共有91门慕课，其中6门是必修课，85门是选修课。互联网学校计划在未来3年为南涧县1800余位教师及教育部门负责人和2.5万余名学生提供慕华教育旗下平台的优质在线课程。

南涧县政府将应用慕华教育提供的教学管理大数据系统，施行一系列鼓励、引导南涧教师充分使用互联网学校资源的政策，提升中小学学校管理水平，提高广大中小学教师信息技术应用能力与水平，促进教师成长，提高教育教学质量。

2019年，清华大学校长邱勇曾在"清华大学对口帮扶南涧县工作座谈会"上指出，乡村振兴要着眼于国家现代化，国家现代化建设离不开人的现代化，人的现代化最难的还是在乡村，人才的培养和发展要依靠教育。

一根网线，改善了南涧县山区学校的教育现状，也许正如纪录片所说：资源共享，因材施教，几千年追求公平而有质量的教育，也许会在这个时代成为现实！

2. 乡村教育创新计划

2016年11月，慕华成志与友成企业家扶贫基金会共同发起乡村教育创新计划。在发起仪式上，国务院参事、友成基金会常务副理事长汤敏，中国教育学会中小学信息技术教育专委会秘书长陈美玲，中国教育科学研究院研究员储朝晖共同见证了这一历史时刻。

乡村教育创新计划发布会现场

在此之后，双方依托清华优质教育资源，发挥彼此平台优势，实现了跨地域、无限制优质教育资源共享的新局面，全面提升了偏远地区、贫困地区基础教育质量。慕华成志开放智慧教育平台，共享以"动漫微课"为核心的优质教育资源，并提供系统性的教学培训，助力乡村教师提升教学水平，推动乡村教育信息化发展。随着双方合作逐渐深入，更多乡村教师找到了更好的自己，更多乡村孩子也享受到更优质的教育资源。

针对乡村教育的痛点，慕华成志做了大量的调查分析，在汤敏的带领下，多位教育专家与慕华成志教研团队深入乡村，走到教师身边，聆听他们所想，利用平台资源为他们提供多维度的线上线下教育支持。随着技术的发展，未来还会有更广阔的探索空间。

3. 利用数字教育资源帮助困境儿童

通过教育获得幸福，广西壮族自治区云彩中心使用数字教学资源帮助困境儿童。大化瑶族自治县由广西壮族自治区河池市都安瑶族自治县、巴马瑶族自治县与南宁市的边缘结合部组成，喀斯特地貌与温热多雨的气候造就了这里密林险峰遍布的独特地理环境。2021年6月29日，大化瑶族自治县被列入国家乡村振兴重点帮扶县名单。对于办好教育，尤其是针对困境儿童的扶持，当地有更智慧的实践举措。

大化县云彩关爱中心、广西云彩社会工作服务中心（以下简称：云彩）主要为困境儿童（特别是孤儿、残障儿童、留守儿童和流动儿童）提供专业的服务（图 5-1）。

自 2019 年起至今，慕华成志先后资助云彩学生学习账号 200 余个，教师账号 30 余个，帮助云彩教师在课堂中利用动漫微课等数字教学资源，帮助残障儿童、留守儿童和流动儿童，接受优质教育，提高学习成绩。

图 5-1　慕华成志为贫困地区儿童提供优质教育

4. 停课不停学，同上一堂课

2020 年，中国教育电视台四频道（CETV-4）推出大型《同上一堂课》节目，堪称"课表式电视课堂"，清华附小课程通过电视课堂覆盖全国（图 5-2）。慕华成志作为清华附小互联网学校的唯一合作平台，公益支持所有清华附小公益课的网络传播，让全国的学生都能在家上清华附小，实现"停课不停学"，累计 6.54 亿次点播总量。

图 5-2　同上一堂课电视课堂

四、践行公益，助力乡村教育振兴

1. 助力龙华区寒假教育公益行动

精选八大系列课程，支持深圳市龙华区教育局发起的2022年寒假教育公益服务活动，既有知名专家学者打造的"学堂开讲啦"通识课（图5-3），又有融合众多学科、寓教于乐的动漫微课，为孩子营造一个健康、愉快、充实的寒假。

图5-3 2022年寒假教育公益行动视频会议

深圳市龙华区教育局与深圳市慈善会，联合慕华成志等12家教育科技企业，向全国从事教育相关业务的企事业单位发起倡议：2022年寒假，聚合全社会优质教育服务能力，面向全国中小学生提供公益性的优质教育服务，为孩子营造一个健康、平安、愉快、充实的寒假。

2. 赋能"青椒计划"教师成长

春季学期，继续向友成企业家乡村发展基金会"青椒计划"教师提供小学语文、英语和初中理科综合教学培训，帮助教师掌握信息化教学的"真本领"，让乡村孩子享受到优质教育资源和高质量的教学服务（图5-4）。

图5-4 青椒计划课程培训概况

扶贫先扶志，扶贫必扶智。扶志是扶思想、扶观念、扶信心；扶智是扶知识、扶技术、扶方法。单一地向贫困地区输送资源，无法真正搞活乡村教育建设，慕华成志将资源、教学模式、平台应用三位一体，不仅为乡村教师提供优质的教学工具，还帮助教师掌握信息化教学的"真本领"，由内向外加快乡村基础教育发展。

3. 推进孟电小学转型发展

至2022年年底，慕华成志持续为河南省辉县市孟电小学引入优质教育资源，助力学校应用智能教学平台开展信息化教学改革。从教育资源到教师培养，再到学校未来发展，为孟电小学提供完善的教育解决方案，为推进学校教育信息化发展奠定坚实基础。

慕华成志为孟电小学引入优质教育资源

第三节　产教融合的创新发展新探索

2014年，慕华成志教育科技集团成立，以"科技让学习更美好"为理念乘上教育信息化浪潮，通过新型数字教育资源、互联网平台技术和创新应用，赋能基础教育高质量发展。

一部教育史，就是一个国家振兴发展的历史写照。慕华成志的十年也是中国教育信息化建设从启蒙到成长的十年。21世纪之初，一系列相关指导文件的发布，有效促进了我国教育信息化工作的开展，为教育现代化装上"智慧引擎"。

回顾十年历程，作为美好教育的承载者，慕华成志主动服务国家教育发展战略，将优质的教育资源带给每个人、每所学校、每座城市，构建智慧教育的美丽新世界！

2023年，慕华成志教育科技集团成立十年之际，希望解决两大问题。第一，国家战略层面，通过搭建教育资源应用服务平台，扩大优质教育资源的覆盖面，促进教育优质均衡。第二，人民需求层面，通过科技手段提升教学效率，创新课堂教学模式，推动教育高质量发展。

教育新基建背景下，慕华成志迎来新的发展机遇。中国的教育数字化在信息技术的助力下，迎来了新一轮的发展契机。慕华成志以信息化为主导，构建区域教育新基建，支撑教育高质量发展。这也将是慕华成志找到成长第二曲线的最佳环境。

为更好地响应党的二十大精神号召，推进教育、科技、人才的一体化发展，实现"中国式现代化"理念下产教融合的新样态发展，构建区域教育高质量发展的新格局，慕华成志聚合各方面资源，推出了基于产教融合的"慕华智谷"项目，提出慕华智库引领的整体思路，进行产业创新发展的新探索。

一、产教融合方案设计的主要发展依据

党的二十大报告指出："教育、科技、人才是全面建设社会主义现代化国家的基础性、战略性支撑""深入实施科教兴国战略、人才强国战略、创新驱动发展战略""我们要坚持教育优先发展、科技自立自强、人才引领驱动，加快建设教育强国、科技强国、

人才强国"。

报告提出了教育、科技、人才是全面建设社会主义现代化国家的基础性、战略性支撑，科技是第一生产力，人才是第一资源，创新是第一动力。但这三者都离不开教育，教育是科技、人才和创新的第一基础。

报告中还提出"加快建设高质量教育体系，发展素质教育，促进教育公平""推进教育数字化，建设全民终身学习的学习型社会、学习型大国"。①

就区域而言，各地政府为推动区域"十四五"规划和2035年远景目标纲要相关重点工程，也提出了建设现代化教育强市等发展目标，坚持教育优先发展，提高优质教育资源供给能力水平，通过各种优惠政策和激励措施来优化营商条件和运营环境，极大地激发了市场活力。

基于上述国家政策背景与地方规划的引领目标，我们认为，部分区域已具备了较好的投资基础和龙头企业的发展条件，吸纳外部的尖端科技企业以及构建高精尖人才智库是加快推进地区打造现代化都市、实现数字化转型发展的可行性模式。以教育数字化带动教育现代化发展，并使之融入经济建设、政治建设、文化建设、社会建设和生态文明建设"五位一体"的发展模式中。依托社会前沿尖端科技公司从发展咨询、体系建构再到技术支撑、人才培养等，为地方今后5年及至10年的规划中在全区域发展提供慕华智库的引领，加快区域人才建设与发展，为推进"中国式现代化"的新建设目标奠定人才培养的数字基座。

二、目标与价值分析厘清产教融合的新思路

1. 符合国家战略

通过提供慕华智库引领作用，将"慕华智谷"合作区域打造成为国内领先的数字化教育产业基地和教育数字化转型升级样板，构建"具有区域特色"的高质量公共教育服务体系，具备较强的可行性，符合二十大报告中提出的"推进教育数字化，建设全民终身学习的学习型社会、学习型大国"的国家战略，符合报告中提出的"我们要坚持教育优先发展、科技自立自强、人才引领驱动，加快建设教育强国、科技强国、人才强国，坚持为党育人、为国育才，全面提高人才自主培养质量，着力造就拔尖创新人才，聚天下英才而用之"的发展要求，也能更好地助推区域建设目标。

2. 满足产业数字化变革发展趋势

数字化转型正在驱动生产方式、生活方式和治理方式发生深刻变革，对世界经济、政治和科技格局有深远影响。国家"十四五"规划纲要"加快数字化发展建设数字中国"中有专门的章节提到了要通过加强关键数字技术创新应用、加快推动数字产业化、推进产业数字化转型等方式打造数字经济新优势，数字化变革已成为新经济发展的重要途径。在新一代数字科技支撑和引领下，以数据为关键要素，以价值释放为核心，以数据赋能为主线，对产业链上下游的全要素数字化升级、转型和再造将成为产业数字化变

---

① 中国政府网.二十大报告全文. http://www.gov.cn/xinwen/2022-10/25/content_5721685.htm，2022-10-30.

革的关键要点。在教育数字化发展领域，慕华智库将发挥智慧枢纽作用，以教育数字化转型为抓手，融入经济和社会发展的多个方面，形成满足产业数字化变革发展趋势的有效推手。

3. 符合区域教育高质量发展需求

党的二十大报告中提出了"加快建设高质量教育体系""推进教育数字化"等相关要求。联合国教科文组织2030年教育高级别指导委员会年度会议中，我国教育部部长怀进鹏指出"以数字化为杠杆撬动全球教育变革"，要坚持守正创新，纵深推进教育数字化战略行动，着力开辟发展新领域新赛道，不断塑造发展新动能新优势。

自教育数字化战略行动启动实施以来，我国已经建成世界第一大教育教学资源库，探索了以服务引领和支撑学生全面发展、教师能力提升的新路径，实现了国家智慧教育平台、省市级智慧应用云平台、区县级用户终端系统的有效衔接，完成了基础网络、基础平台与基础应用的信息化环境搭建，当前正面临基于教育数字化转型应用的深入发展阶段，需要更好地借助数字化环境探索教育教学深度融合。

本项目通过慕华智库的引领，借助清华专家资源支撑下科技研发体系的强大力量，量身打造基于未来学校理念的应用场景与教学模式，基于混合式教学的教师教研与未来课堂，基于云平台的互联网学校促进教育公平与创新人才培养，基于大数据看板的教育精准治理，基于新型动态数字资源满足学生随时随地自主学习等，这些可有效助推"双减"背景下的区域教育高质量发展，实现更公平、更优质、更高标准、更有特色的区域教育发展新样态，形成完整的集学前教育、义务教育、高中教育、普职融合教育、特殊教育等完备的教育体系，以区域教育高质量发展为整体目标推进教育高水平供给的区域变革。

4. 有利于打造教育产业基地，构建教育生态发展的新型产业链

党的二十大报告中指出："坚持以人民为中心发展教育，加快建设高质量教育体系，发展素质教育，促进教育公平。加快义务教育优质均衡发展和城乡一体化，优化区域教育资源配置，强化学前教育、特殊教育普惠发展，坚持高中阶段学校多样化发展，完善覆盖全学段学生资助体系。"教育部就教育系统学习宣传贯彻党的二十大精神时提出，在服务经济社会区域发展中更好发挥教育作用，推动更高水平对外开放，加快教育数字化战略行动步伐。

从当前的国家政策背景，结合国内外技术发展趋势分析，以数字化教育为聚合点，实现教育产业集群发展，打造教育高阶结构发展的优质资源基地，推动区域产业链的有效融合，促进教育生态的良性发展将成为行业热切关注及各地竞相发展的必然趋势。以慕华智库为引领，通过调研考察、目标筛选、价值评估、成熟推荐等相关流程，吸收行业优质企业共同开展数字化转型的研究与研发，提供区域教育高质量发展整体解决方案，构建未来教育差异化互补特色的产业链融合格局，为将合作区域打造成为国内领先的数字化教育产业基地和教育数字化转型升级样板提供有力的行业资源与交付能力保障，同时有利于推动区域教育产业基地的发展。

5. 慕华智库专家团队引领与优质资源支撑总体实施

本项目由慕华成志牵头，组织相关智库专家团队与优质资源，实现专家学术引领下

的总体实施。

慕华成志主动服务国家教育发展战略，构建了优质教育资源服务社会的创新体系，形成了独特的"内容＋平台＋服务"和"大学＋政府＋中小学校"三位一体的发展模式。与清华大学、北京师范大学、首师大附属育新学校、深圳罗湖未来学校、郑州外国语平原学校等全国 100 多所大中小学的相关机构和专家，在教育理念、教育资源、科研成果、管理模式等方面开展了全方位合作。

三、产教融合样板建设内容

1. 坚持科教兴城的统筹策略，打造智慧教育产业集群，构建新型生态链

为充分融合合作区域落实科教兴国战略、促进现代化都市高质量建设、激发创新创造活力，更好地构建具有本区域特色的教育公共服务体系，慕华成志和区域政府部门可在原有基础上充分发挥各自优势，共同打造智慧教育产业集群。在前期发展基础上打造全区域"教育软实力"补给，为智慧教育产业集群增添教育版块新名片。

慕华成志将在合作区域构建智慧教育产业发展联盟与产业发展扶持基金，在合作区域成立慕华智谷数字化产业集团，构建"产学研用"产业集群，形成数字产业联盟，打通产业上下游产业链，注重业务联动，资源互补，先行先试；为区域发展产业互联网构建样板，布局教育硬件生产、软件内容开发、市场样板打造和产业相关配套服务，采用"产业孵化＋产业基金＋项目示范"三位一体的可持续发展模式，构建"产学研用"一体化的产业集群平台和国家教育数字化升级示范样板。

2. 立足合作区域，结合全国学术资源，发起成立未来教育研究院

首先，依托教育部在线教育研究中心基础教育部、清华大学人文学院人文教育发展研究中心，在当地成立未来教育研究院，汇聚优秀科技人才和教育人才，开展教育创新研究，探索未来教育理念与当前教育实践结合的路径和方法。结合"慕华智谷"合作区域权威教育机构、全省的高校与权威教科研机构、知名企业、专业团体等优质学术资源，为区域教育发展规划、课题研究、产研创新构建学术研究共同体，为慕华智谷提供智囊咨询与研究服务。其次，学术圈的建立可以带动全市培养选拔更多优秀校长与教师参与其中，带动"慕华智谷"合作区域教育发展及人才选拔，为区域教育质量提供侧翼保障。为更好地落实科教兴国战略、推进城市圈一体化建设以及推动教育、科技、人力等的融合发展提供重要支撑，为建设一流的和谐宜居之都贡献力量。

3. 科技赋能，建立组合策略，推动区域教育高质量发展

以科技为支撑，基于教育新基建政策背景和教育数字化转型思维，以未来教育理念为指引，遵循教育教学发展规律，以共同成立的未来教育研究院为依托，分别规划新时代教育数字化转型的"中国式现代化"创新发展策略与区域教育数字化整体部署，涵盖包括以下内容。

（1）完善区域"互联网＋教育大平台"应用环境，推动区域建立"互联网学校"的新样态数字校园，夯实高质量教育支撑体系。

（2）以线上线下相结合的混合式教研指导建设中国式"未来课堂"，创新教育融合

应用体系，推进课堂教学变革。

（3）丰富数字教育资源，建立区域动态资源生成与"自造血"体系，创新数字教育服务业态。

（4）以高端引领与管理咨询等多种服务方式共同打造"未来学校"的区域样板，优化教育服务供给体系。

（5）建立大数据云平台支持下的数字看板，建立区域教育应用的数字画像，提升管理效能，助力构建现代教育治理体系。

（6）建立科技赋能区域教育的多元投入保障体系，强化人才科技支撑，完善师生信息素养提升引领机制，构建新时代教育评价的大数据服务体系，营造"成熟应用、安全稳妥"的区域教育发展保障体系。

4. 践行跨界融合，举办高端论坛，形成区域样板，打造区域品牌

充分发挥合作区域在经济、社会、生态文明与创新驱动发展等多方面的引领优势，基于合作区域建设中取得的现有成果与影响力，共同联合国内外教育权威学术机构与多类跨界专家，举办全国未来教育大会、教育数字化专题学术会议、国际教育高端论坛等，探讨数字化转型背景下的教育发展与跨界融合变革等话题，形成合作区域基于未来教育理念下的"教育数字化转型升级样板"的城市特色学术名片。

5. 充分赋能"文旅融合发展"战略，拓展"研学旅行"项目，促进教育与经济、社会等的融合发展

慕华成志可依托合作区域的文化资源与自然生态，结合本地区特色精品旅游线路和文旅产业成熟运作模式，共同拓展"研学旅行"项目，开发相关主题探索课程。通过拓展慕华成志在全国100多个城市的驻地服务资源，为双方带来新的价值增长点；通过研学旅行带动吃、住、行、用、游及实践创新等一系列社会与经济面的联动发展。

四、共建产业园的双向思考

1. 共建数字教育产业园——慕华智谷

慕华智谷将以高起点、高标准、高配置、高格局进行规划与建设，拟将园区打造成为集硬件生产、软件开发、科技成果转化、数字化内容研发和服务为一体的"一站式智慧教育解决方案"集群，慕华智谷将调动全国资源，协调园区布局与发展，以发展教育拉动产业，以产业发展促进区域发展，树立明星业务，提升区域品牌。

2. 引入产业基金、助力园区发展

慕华成志将协同引入相应的产业基金构建慕华智谷产业生态，聚焦新一代信息技术驱动的新兴产业，主要关注企业SaaS服务、半导体、人工智能、智慧教育等产业中的各类创新。慕华智谷在合作区域不仅要形成一个产业集群，还要形成一个着实有效的资本投资机制，为入驻的企业提供成长中各个阶段所需的资本服务。

3. 系统规划区域教育供给体系，落地推动教育高质量发展

以吻合国家政策评估标准的区域教育高质量发展为总体目标，构造区域教育的发展亮点与地域特色，依托慕华智谷园区教育生态行业成熟应用的高科技产品与差异化

服务，系统规划区域教育常规的供给体系与个性化发展需求，包括但不局限于教、学、管、考、评、研究、资源、服务、家校互动、新场景应用、互联网学校、未来学校样板等教育数字化转型背景下的各类应用和办学机制的创新，构建"中国式现代化"的数字教育体系。充分利用社会资源和专家智库力量，构建区域新型协同供给体系，形成更高层次、更优水平的教育供给，实现以教育高水平提升带动经济、文化与社会等的协同发展。

4. "慕华智谷"落地需要的支持

慕华成志希望在"慕华智谷"合作区域内选择合适区域，偏科技、教育、文化类的工业（产业）园区等，初期规划 10000 平方米以上场地发展智慧教育产业，可根据发展规模和产业产值逐步扩大；为"慕华智谷"合作区域提供区域教育数字化升级和未来学校规划建设服务，打造智慧教育样板，构建科教深度融合实验区，探索面向未来的学校新样态，创建 2035 国家教育现代化样本学校。

"慕华智谷"人才储备可主要来源于各高校应届毕业生，为全省解决就业问题贡献力量的同时，希望市政府为慕华智谷人才在购置房产、落户合作城市提供相关支持。

第四节 展望"中国式现代化"的教育高质量发展

每个时代都有属于每个时代的教育特点。"80 后""90 后"成长于物质优渥的社会腾飞时期，独生子女、经济发展、科技革新……饱享了义务教育和家庭关爱的诸多红利，他们从"应试教育"里摸爬滚打而来，"考高分""上名校"是他们父辈擎举的教育大旗。他们普遍有着较高的教育水平，但片面重视智育、忽视综合发展、创新能力不足等问题也显而易见。当他们的孩子出生时，这些"第二代"得到了比"唯一一代"更精细的照顾。从第一口奶开始便启动了人生的加速键，物质生活更加富足，成长环境更加开放，可以得到全方位的教育和培养，他们兴趣爱好丰富，在兴趣上投入的时间也更多，外语、绘画、书法、乐器、编程……新时代对孩子综合素质有了新要求，当"应试"与"素质教育"积极拥抱时，家长们发现，孩子的时间不够用了①。

究竟是"更多地关注孩子的学习"还是"更多地关心孩子的生活"？如何正确地关心？在人工智能批量取代人类岗位的今天，我们究竟该培养孩子怎样的能力？新时代的教育，手段该如何"进化"？这一切，正呼唤"新"的规则，期待"新"的方法。

在中国教育学会召开学习贯彻党的"二十大"精神座谈会上，部分专家也提出了基础教育面向未来发展的思考与挑战。

时任中国教育学会副会长王定华指出："'中国式现代化'这一理论阐释对面向 2035 年建设社会主义现代化征程中各领域、各方面工作都具有指导意义，也是新时代我国基础教育改革发展的战略指引。""我们注意到，各国基础教育比较注重创新探索。

---

① 中国网.新时代，教育面临新挑战.

一是学科综合探索；二是办学体制创新，设置实验性学校，培养拔尖人才，实施校内分层教学，与大学有效联合，为学生提供多样化学习机会；三是培养创新精神。注重通过课内外、校内外的教学或活动，增强学生的实践能力。""我们注意到，各国基础教育更新教学手段。大数据、人工智能、信息技术手段使翻转课堂、慕课教学、远程教育资源共享成为现实。人工智能是机遇也是挑战，是教育内容也是教育手段。主动研究、开发、适应、驾驭人工智能，踊跃运用人工智能助推教育教学、学生成长、教师队伍建设。"①

时任上海市教卫工作党委书记沈炜提出，接下来10～15年，是教育发展中国式道路创新的"窗口期"、矛盾冲突激化的"集中期"、教育由大到强的"转段期"——这"三期"交汇叠加的关键阶段，孕育着千载难逢的机遇，也面临着前所未有的挑战。综合教育内外部因素发展变化，突出的挑战主要来自以下六个方面。

一是日趋激烈的国际竞争，导致我国教育与西方教育面临着"脱钩"的风险，教育对外开放存在迟滞受阻的可能性，以开放促改革的动力机制面临"失灵""失效"压力。

二是高水平科技自立自强和国家安全发展环境对拔尖创新人才的需求前所未有，但基础教育改革发展价值导向由"效率优先、兼顾公平"全面转向"公平优先、兼顾效率"的格局下，拔尖创新人才早期发现、识别、升学、培养的"绿色通道"明显不够顺畅，拔尖创新人才自主培养的效率亟待提升。

三是共同富裕对教育高质量均衡发展提出了更高要求，但受多种因素的综合影响，省域、市域、县域、城乡、校际等不同层面仍存在诸多短板问题，影响教育硬件资源和内涵要素均衡发展，在当前教育和经济社会发展环境下，问题解决难度总体还比较高。

四是职业教育类型化发展新格局还没有真正打开，产教深度融合和产学研协同创新尚待扎实落地，人才供需规模、结构、质量不匹配的矛盾还比较突出，关键核心技术协同攻关机制尚待进一步健全。

五是受传统惯性思维影响，教育评价"破五唯"非一朝一夕可见功效，"双减"政策落实面临行政力量与市场力量持续缠斗，家长和社会教育焦虑尚未根本缓解。

六是学龄人口规模、结构正发生显著变化，各级各类教育资源配置需要与时俱进调整优化，城市特别是超大城市3岁以下婴幼儿托育和老年教育的"一小一老"教育资源布局面临着较大挑战②。

2021年，教育部、中央网信办等6部门联合发布了《关于推进教育新型基础设施建设构建高质量教育支撑体系的指导意见》，首次提出"教育新基建"，要求建设"互联网＋教育"大平台，推动教育与数字化技术深度融合，为教育信息化的发展注入强心

---

① 王定华.用中国式现代化理念指引我国基础教育改革发展.https://mp.weixin.qq.com/s?__biz=MzUzODA4MzQzMQ==&mid=2247491921&idx=3&sn=24abdb6ba4e3c546b64b1452915c12f2&chksm=fadf8859cda8014f900460d5b06ee01aa29ba6002f7e1b8abf888985cfad6c82b1a79d52e2a3&scene=27，2022-11-20.

② 沈炜.建设教育强国，面临挑战与对策建议.https://mp.weixin.qq.com/s?__biz=MjM5NzM1MDgyMw==&mid=2650002996&idx=1&sn=cf5e3f95b53f0800cebdb5aaeebe7896&chksm=bedc2afc89aba3ea9fb100ea113fd3ac78a27a5cefe9c1852d7c469a6821d101c25e9df761c7&scene=21#wechat_redirect，2022-11-20.

剂。在 2022 年全国两会召开之际，慕华成志教育科技有限公司总裁汪建宏受央广网邀请，为"双减"背景下教育的高质量发展建言献策。

作为一家教育科技企业，慕华成志教育科技有限公司在服务公立学校，推动基础教育高质量发展方面做了很多实践的探索。慕华成志围绕教育新基建，重点做了三项工作，即数字资源、平台体系和创新应用。在过去八年多的时间里，慕华成志持续投入了 5 亿多元的资金，开发了 6000 多节动漫课程资源，开创了动漫讲知识的全新时代。除了课程创新，还有两项重要的技术支撑。一是应用清华知识图谱技术，建立起每一个知识点之间的关联，根据应用者的数据变化推送更加精准的内容，让教与学提质增效；二是通过大数据给孩子们定制学习画像，从而根据每位孩子对知识掌握的不同程度进行分层教学，实现因材施教。在创新应用方面，针对全国各地学校的不同发展水平，推出不同的创新应用服务，即与一线城市的学校共同探索面向未来的教育；在二三线城市，将一线城市已经十分成熟的经验与模式复制，短时间内实现教学质量的提升；对于偏远和乡村地区，将最优质的教学内容引入，让那里的孩子们也可以与一线城市的孩子同等地享受优质的教育资源。

同时，对于未来教育的创新变革，慕华成志也是行业中的引领者，于 2016 年联合教育部在线教育研究中心和国家教育行政学院发起了《未来教育行动计划》，并且迄今为止已举办 7 届未来教育大会和论坛。与此同时，还建立了顶尖高校专家学者、区域政府、一线学校协同的"大学—政府—中小学校"（"UGS"）机制，助力区域教育高质量发展。

"在这个计划的指引下，我们推出了未来学习、未来课堂和未来学校三个项目。我们以面向未来的学习者为中心创新课程，以课程创新推动课堂变革，用课堂教学创新推动学校升级，从而适应智能时代，培养面向未来的创新型人才。"[①]

未来教育行动计划发布会现场

"双减"背景下，在传统教培行业生态大洗牌的同时，素质教育类企业与公立教育服务类企业和专业技术创新型企业却获得了良好的发展机遇，特别是智慧教育行业，从智慧校园、未来学校、互联网学校、未来教室、智能课堂、智慧安防、智能服务等各方面助力，且在共享优质资源、重塑教育体系等方面均呈现出"互联网+"背景下的中国式教育现代化发展的独特优势。但同时，教育信息化行业也面临诸多挑战，如何真实推动教育价值的呈现？如何更好地规划现有软硬件与未来的衔接？如何面向未来人才培养建立智能教育个性化育人环境？如何补足教育技术人才的供给缺口？如何在数字化转型的大背景下实现教育评价、新课改、新高考等的科技赋能？如何融入地方政府、教育主管部门、高校和社会推动对中小学的联动协同发展？面对这些挑战，政府、社会、学校等多元主体应协作发力，创新政企校合作模式，建设以人为本的智慧教育新样态，并完善监管体系，共同打造高质量教育新生态。

---

① 央广网.两会看教育|"双减"背景下教育新基建如何助力教育高质量发展. https://baijiahao.baidu.com/s?id=17269966165914192l2&wfr=spider&for=pc, 2022-11-20.

"教育改革出发点不是教育系统自身的利益和自身的诉求,而是要最终把握时代发展的脉搏,而这个脉搏就是国家需要、人民需求,特别是人民群众对美好教育的需求、对美好生活的需求,首先会反映到对于美好教育的需求上来。"早在2017年,清华大学原校长王大中先生莅临慕华成志考察时,嘱托慕华成志要利用好新一代信息技术,服务教育创新。

院士莅临慕华成志考察

面对未来科技瞬息变化的时代,教育探索与实践创新之路还任重而道远。展望中国式现代化的教育高质量发展,既有挑战,更有机遇,还有责任与使命。

更多资源更新

参 考 文 献

［1］范国睿，孙闻泽. 改革开放40年教育体制机制改革的历史与逻辑分析［J］. 教育研究，2018（7）.

［2］李丹. 未来已来 让教育回归最本质的天性——朱永新谈"未来教育中的教育国际化"［J］. 留学，2018，104（10）.

［3］黄荣怀，周伟，杜静，等. 面向智能教育的三个基本计算问题［J］. 开放教育研究，2019（5）.

［4］罗生全，王素月. 未来学校的内涵、表现形态及其建设机制［J］. 中国电化教育，2020（1）.

［5］顾明远. 互联网时代的未来教育［J］. 清华大学教育研究，2017（6）.

［6］联合国教科文组织国际教育发展委员会. 学会生存——教育世界的今天和明天. 华东师范大学比较教育研究所，译. 北京：教育科学出版社，1996.

［7］余胜泉，王阿习. "互联网＋教育"的变革路径［J］. 中国电化教育，2016（10）.

［8］曹培杰. 未来学校的变革路径——"互联网＋教育"的定位与持续发展［J］. 教育研究，2016（10）.

［9］朱永新. 未来学校：重新定义教育［M］. 北京：中信出版社，2019.

［10］荀渊. 未来教师的角色与素养［J］. 人民教育，2019（12）.

［11］马丽英. 未来学校：兴起、探索及建构路径［D］. 华中师范大学，2020.DOI:10.27159/d.cnki.ghzsu.2020.000586.

［12］窦桂梅. 把一切的未来交给一切的人［J］. 教育家，2019（36）.

［13］王永固，许家奇，丁继红. 教育4.0全球框架：未来学校教育与模式转变——世界经济论坛《未来学校：为第四次工业革命定义新的教育模式》之报告解读［J］. 远程教育杂志，2020，38（3）.

［14］周洪宇，徐莉. 联合国教科文组织教育2030框架对中国教育现代化2030的启示［J］. 河北师范大学学报（教育科学版），2017，19（5）.

［15］王素，曹培杰，康建朝，等. 中国未来学校白皮书［R］. 北京：中国教育科学研究院未来学校实验室，2016.

［16］北京师范大学出版社. 21世纪学生发展核心素养研究（修订版）中国学生发展核心素养总框架——指向21世纪的育人目标体系［J］. 基础教育课程，2021（5）.

［17］祝智庭，胡姣. 教育数字化转型的实践逻辑与发展机遇［J］. 电化教育研究，2022，43（1）.